Hans-Joachim
Leyendecker

Lernwörterbuch
für den Alltag

Palabras y más

Cornelsen

Palabras y más
Lernwörterbuch für den Alltag

erarbeitet von:
Hans-Joachim Leyendecker
nach einer Idee von:
Bernhard Stentenbach

Redaktion:
Dr. Yvonne Petter
Beratung:
Pilar Barrenechea

Graphik:
Odile Herrenschmidt

Lay-out und Umschlaggestaltung:
Satzinform, Berlin

Cornelsen online http://www.cornelsen.de

1. Auflage ✓ €   Druck 4 3 2 1   Jahr 03 02 01 2000

© 2000 Cornelsen Verlag, Berlin

Satz und Repro: Satzinform, Berlin

Druck: Saladruck, Berlin

ISBN 3-464-28922-2

Bestellnummer 289222

gedruckt auf säurefreiem Papier, umweltschonend
hergestellt aus chlorfrei gebleichten Faserstoffen

VORWORT

PALABRAS Y MÁS ist ein Lernwörterbuch für das Alltagsleben. Es wendet sich an Jugendliche und Erwachsene, die die spanische Sprache erlernen bzw. erlernt haben und ihren Kenntnisstand systematisch festigen wollen.

PALABRAS Y MÁS enthält den unverzichtbaren Grundwortschatz für die sprachliche Bewältigung der gängigen Themen und Situationen, die sich im Alltagsleben im mündlichen und schriftlichen Kontakt mit hispanophonen Sprechern im In- und Ausland ergeben.

PALABRAS Y MÁS umfasst die 1550 wichtigsten Wörter der spanischen Sprache, die aufgrund ihrer Häufigkeit, ihrer Nützlichkeit und ihres Vertrautheitsgrades ausgewählt wurden. In diesem Zusammenhang wurden auch wichtige Wörter des modernen Lebens aufgenommen, wie z.B. *Internet, Textverarbeitung, Faxgerät, Inline-Skating.*

PALABRAS Y MÁS ist nach Themen geordnet, die auf 25 Kapitel verteilt sind, wobei jedes Kapitel in Unterthemen gegliedert ist. Eine wesentliche Lernhilfe stellt die zweispaltige (deutsch-spanische) Anordnung des Sprachmaterials dar. Diese Art der Anordnung begünstigt den Ablauf des Lernprozesses, bei dem der Lerner in der Regel vom deutschen Gedanken ausgeht und danach die spanische Entsprechung sucht.

Die Wörter dieses spanischen Grundwortschatzes erscheinen generell in kontextualisierter Form, d.h. in Ausdrücken/Formulierungen von hohem Gebrauchswert und Nutzen. Die Wörter werden durch Kursivdruck gekennzeichnet. Falls erforderlich, wird in Klammern bei den Nomen das Genus, bei den Adjektiven die maskuline und die feminine Form und bei den Verben der Infinitiv mit der entsprechenden Konstruktion angegeben. Außerdem werden wichtige Ausdrücke, in denen das betreffende Wort eingebettet ist, ebenfalls durch Kursivdruck hervorgehoben. Darüber hinaus enthält dieser Grundwortschatz zusätzliche Ausdrücke in Satzform, die für die Behandlung eines bestimmten Themas von Bedeutung sind.

PALABRAS Y MÁS ist lehrwerkunabhängig konzipiert. Er kann im Unterricht mit großem Gewinn neben dem Lehrwerk eingesetzt werden. Im Rahmen der Eigenarbeit ermöglicht PALABRAS Y MÁS eine gezielte Wiederholung und Festigung bei der Vorbereitung auf bestimmte Situationen der Sprachverwendung, z.B. das Abfassen eines Briefes, das Telefonieren, eine Urlaubsreise oder ein Gespräch über bestimmte die Gesprächspartner interessierende Themen.

INHALTSVERZEICHNIS

Abkürzungen

a alg.: a alguien
a/c: alguna cosa
adj.: Adjektiv
adv.: Adverb
conj./Konj.: Konjunktion
etw.: etwas
f.: Femininum
ind.: Indikativ
inf.: Infinitiv
jdm: jemandem
jdn: jemanden
m.: Maskulinum
pl.: Plural
subj.: subjuntivo

1.
PERSÖNLICHE
KONTAKTE

1.1 ERSTER PERSÖNLICHER KONTAKT

Jemanden begrüßen (→ Sich verabschieden 1.4)

Guten Tag.	*Buenos días.*
Grüß dich! / Hallo!	*¡Hola!*
Guten Abend.	*Buenas tardes.*

Nach dem Namen fragen, sich vorstellen

Wie heißt du? / Wie heißen Sie?	*¿Cómo te llamas? / ¿Cómo se llama usted?*
(heißen)	(llamarse)
– *Ich heiße* …	– *Me llamo* …
– Ich *bin* Sylvia Berger.	– *Soy* Sylvia Berger.
… ist mein *Vorname*	… es mi *nombre.*
… ist mein *Nachname*	… es mi *apellido.*

Nach dem Wohlbefinden fragen

Wie geht's?	*¿Qué tal?*
Geht's dir gut?	¿Estás bien?
Geht's dir besser?	¿Estás mejor?
Geht's Ihnen gut?	¿Está usted bien?
Wie geht's dir?	¿Cómo estás?
Wie geht es Ihnen?	¿Cómo está usted?
– *Sehr gut.*	– *Muy bien.*
– Och, es geht.	– Pues, regular.
– Gut. Und dir/Ihnen?	– Bien. ¿Y tú/usted?

Jemanden willkommen heißen

Willkommen in München.

Bienvenido/Bienvenida a Munich.

Jemanden vorstellen

Das ist Katrin.

Esta es Katrin.

Darf ich Ihnen meine Eltern *vorstellen*?

Permita que le *presente* a mis padres.

(jdn jdm vorstellen)

(presentar a alg. a alg.)

Ich stelle Ihnen Frau … vor.

Le presento a la señora …

Kennen Sie schon Frau …?

¿Ya *conoce* a la señora …?

(jdn kennen)

(conocer a alg.)

– *Sehr erfreut! / Angenehm!*

– *¡Encantado/Encantada!*

Nach der Herkunft fragen

Woher kommst du?

¿De dónde eres?

(kommen aus)

(ser de)

Aus welcher *Gegend* kommen Sie?

¿De qué *región* es usted?

Wo ist/liegt das?

¿Dónde está?

Welche Stadt liegt in der Nähe?

¿Qué ciudad está cerca?

– Ich *komme aus* …

– *Soy de* …

– Das liegt in der Nähe von …

– Está cerca de …

– Das liegt *in Norddeutschland.*

– Está *en el norte de Alemania.*

… *in* Bayern.

… *en* Baviera.

… *an* der Ostsee.

… *en el* Báltico.

… *westlich/östlich/nördlich/*
südlich von Frankfurt.

… *al oeste / este / norte/*
sur de Frankfurt.

Nach der Nationalität fragen

Sind Sie *Spanier/Spanierin?*

¿Es usted *español/española?*

Welche *Staatsangehörigkeit haben Sie*

¿Qué *nacionalidad* (f.) *tiene usted* ?

– Ich bin *Deutscher/Deutsche.*

– Soy *alemán/alemana.*

Nach der Aufenthaltsdauer fragen

Bist du schon lange hier?

¿Ya llevas mucho tiempo aquí?

– Zwei *Tage.*

– Dos *días* (m.).

Wie lange sind Sie *schon* hier?

¿Cuánto tiempo lleva usted aquí?

– *Seit* einer *Woche.*

– *Una semana.*

Wie lange bleiben Sie hier?

¿Cuánto tiempo se queda usted?

(bleiben)

(quedarse)

Bist du *allein* hier?
– *Nein*, ich bin mit meinen Eltern hier.
Wo *wohnst* du?
(wohnen, untergebracht sein)
– Ich wohne *im Hotel / in der Jugend-herberge / bei meinem Freund, meiner Freundin.*

¿Estás *solo/sola*?
– *No*, estoy con mis padres.
¿Dónde *vives*?
(vivir)
– Vivo *en un hotel / en el albergue juvenil / en casa de un amigo, una amiga.*

1.2 SICH BEDANKEN

Danke.
– *Bitte.*
Vielen Dank *für alles.*
Vielen Dank *für* dein *Geschenk.*
Das ist *sehr nett* von Ihnen.
Ich *danke* Ihnen *sehr für* Ihre *Hilfe.*
(jdm für etw. danken)
– *Keine Ursache.*

Gracias.
– *De nada.*
Muchas gracias *por todo.*
Muchas gracias *por* tu *regalo.*
Es usted *muy amable.*
Le *agradezco mucho* su *ayuda.*
(agradecer a/c a alg.)
– *No hay de qué.*

1.3 SICH ENTSCHULDIGEN

Entschuldigung!
Entschuldige bitte!
Entschuldigen Sie!
Entschuldige, *dass ich dich störe.*
(entschuldigen, dass)
Entschuldigen Sie, dass ich Sie *störe.*
(jdn stören)
Das tut mir Leid.
– *Das macht nichts.*
– Das ist nicht schlimm.

¡Perdón!
¡Perdona!
¡Perdone!
¡Perdona *que te moleste.*
(perdonar que + subjuntivo)
Perdone que le *moleste.*
(molestar a alg.)
Lo siento.
– *No importa.*
– No pasa nada.

1.4 SICH VERABSCHIEDEN

Auf Wiedersehen
Tschüs!
Bis heute Abend.

Adiós.
Hasta luego.
Hasta esta tarde/noche.

Bis morgen. / Bis Samstag.	Hasta mañana. / Hasta el sábado.
Bis gleich.	*Hasta luego.*
Bis später.	Hasta más tarde.
Bis bald.	*Hasta pronto.*

1.5 JEMANDEM ETWAS WÜNSCHEN (→ Das Alter, der Geburtstag 2.1)

Schönes Wochenende.	*¡Buen fin de semana!*
Schönen Sonntag.	¡Que lo pases bien el domingo!
Gute Nacht.	¡Buenas noches!
Gute Reise.	¡Buen viaje!
Schöne Ferien.	¡Que lo *pase(s)* bien en las vacaciones!
Viel Glück! / Alles Gute! / Viel Erfolg!	*¡Mucha suerte!*
Mach's gut!	*¡Que te vaya bien!*
Gute Besserung.	*¡Que te mejores! ¡Que se mejore!*
Herzlichen Glückwunsch!	*¡Felicidades!*
Herzlichen Glückwunsch zum Geburtstag!	¡Feliz cumpleaños!
Alles Gute zum Namenstag!	¡Feliz santo!
Amüsiere dich schön!	¡Que *te diviertas!*
Amüsieren Sie sich schön!	¡Que se divierte(n) usted(es)!
(sich amüsieren)	(divertirse)
Fröhliche Weihnachten und ein gutes Neues Jahr!	*¡Feliz Navidad* y Próspero Año Nuevo!

1.6 SPRACHKENNTNISSE, VERSTÄNDIGUNGSPROBLEME

Über Sprachkenntnisse sprechen

Sprechen Sie *Englisch/Deutsch*?	¿Habla usted *inglés/alemán*?
Ich spreche nicht gut *Spanisch*.	No hablo bien *español*.
Ich spreche *etwas Französisch*.	Hablo *un poco de francés*.
Ich *verstehe* kein *Spanisch*.	No *entiendo español*.
(etw. verstehen)	(entender/comprender a/c)
Meine Schwester spricht drei *Sprachen*: Englisch, Spanisch und Italienisch.	Mi hermana habla tres *lenguas* (f.): inglés, español e italiano.

Verständigungsschwierigkeiten

Wie bitte? Ich verstehe nicht.

¿Cómo? No entiendo.

Wie bitte? Ich habe nicht verstanden.

¿Cómo? No he entendido.

Können Sie bitte (*noch einmal*)
wiederholen?

¿Puede *repetir,* por favor?

(etw. wiederholen)

(repetir a/c)

Können Sie *etwas langsamer* sprechen?

¿Puede hablar *más despacio?*

Können Sie etwas *lauter* sprechen?

¿Puede hablar *más alto?*

Um die Erklärung eines Wortes bitten

„IVA", *was heißt das?*

¿«IVA», *qué es eso?* / «IVA»,
qué quiere decir?

Um die Übersetzung eines Wortes bitten

Was heißt „CD-Player" *auf Spanisch?*

¿Cómo se dice «CD-Player» *en español?*

– Das *heißt* auf Spanisch „el compact".

– Se llama en español: el compact.

Wie lautet das spanische Wort für
„Laserdrucker"?

¿Cuál es *la palabra* en español para
«Laserdrucker»?

– Das ist „impresora láser".

– Es «impresora láser».

Was sagt man für „Laserdrucker"
auf Spanisch?

¿Cómo se dice «Laserdrucker»
en español?

– Man sagt „impresora láser".

– Se dice «impresora láser».

Die Schreibweise / die Aussprache / die Übersetzung eines Wortes oder Satzes klären

Wie *schreibt* man „laser"?

¿Cómo se *escribe* «laser»?

(etw. schreiben)

(escribir a/c)

Können Sie mir das schreiben?

¿Me lo puede escribir?

(jdm etw. schreiben)

(escribir a/c a alg.)

Können Sie mir *das Wort buchstabieren?*

¿Me puede *deletrear la palabra?*

(jdm etw. buchstabieren)

(deletrear a/c a alg.)

Wie spricht man „laser" *aus?*

¿Cómo *se pronuncia* «laser»?

Können Sie mir bitte *diesen Satz*
ins Spanische *übersetzen?*

¿Me puede *traducir esta frase* al español,
por favor?

(etw. übersetzen)

(traducir a/c)

2.
DIE PERSON

2.1 DAS ALTER, DER GEBURTSTAG

Über das Alter sprechen

Mein Sohn / Meine Tochter *ist 10 Jahre alt.*	Mi hijo / Mi hija *tiene 10 años.*
Wie alt bist du?	*¿Cuántos años* tienes?
– Ich bin 15 *Jahre* alt.	– Tengo 15 *años.*
Wie alt sind Sie?	¿Cuántos años tiene usted?
– Ich bin 1958 *geboren.*	*Nací* en 1958.
Nicole ist 6 *Monate* alt.	Nicole tiene 6 *meses.*
Meine Cousine *ist genau so alt wie* ich.	Mi prima *tiene la misma edad que* yo.
Mein Großvater ist sehr *alt.*	Mi abuelo es muy viejo.
(alt)	(viejo/vieja)
Mein Mann *ist älter als* ich.	Mi marido *es mayor que* yo.
Meine Frau *ist 7 Jahre jünger als* ich.	Mi esposa *es 7 años más joven que* yo.
Mein Bruder *ist 3 Jahre älter als* ich.	Mi hermano *es 3 años más viejo que* yo.
Meine Schwester ist sehr *jung.*	Mi hermana es muy *joven.*
Meine Schwester *ist jünger als* ich.	Mi hermana *es más joven que* yo.
Ich habe zwei Freunde/Freundinnen *in meinem Alter.*	Tengo dos amigos/amigas *de mi edad.*
In meiner Kindheit bin ich oft zu meinen Großeltern gefahren.	*Cuando niño/niña,* muchas veces iba a casa de mis abuelos.
Mein Vater / Meine Mutter hat *seine/ihre Jugend* in Berlin verbracht.	Mi padre / Mi madre pasó *su juventud* en Berlín.
Im Alter ist man oft krank.	*En la vejez* uno enferma muchas veces.

Mein Großvater ist vor zwei Jahren *gestorben*.	Mi abuelo *murió* hace dos años.

Über den Geburtstag sprechen

Wann hast du *Geburtstag*?	¿Cuándo es tu *cumpleaños*?
– Ich habe im April / am 10. April Geburtstag.	– Mi cumpleaños es en abril / el 10 de abril.
Ich habe am Samstag Geburtstag.	El sábado es mi cumpleaños.
Am Samstag hat meine Schwiegermutter Geburtstag.	El sábado es el cumpleaños de mi suegra.
Herzlichen Glückwunsch zum Geburtstag.	¡Feliz cumpleaños!
Hier ist ein *Geschenk* zu deinem Geburtstag.	¡Toma, *un regalo* de cumpleaños!
Was schenkst du deiner Schwester zum Geburtstag?	¿Qué le *regalas* a tu hermana por su cumpleaños?
(jdm etw. schenken)	(regalar a/c a alg.)
Meine Eltern haben mir einen Computer geschenkt.	Mis padres me han regalado un ordenador.
Der Computer ist *ein Geburtstagsgeschenk* meiner Eltern.	El ordenador es *un regalo de* cumpleaños de mis padres.

2.2 ÜBER PERSONEN SPRECHEN (→ Die Familienmitglieder und die Verwandten 3.1)

Wer ist dieser *Mann*?	¿*Quién* es ese *hombre*?
Wer ist diese *Frau*?	¿*Quién* es esa *mujer*?
Dort ist Frau Pérez mit ihrem *Mann*.	*Allí hay* la señora Pérez con su *marido*.
Hier ist ein Foto meiner *Frau*.	*Aquí* está una foto de mi *esposa*.
Kennst du diesen *Herrn*?	¿*Conoces* a este *señor*?
(jdn kennen)	(conocer a alg.)
– Das ist unser *Nachbar*.	– Es nuestro *vecino*.
Kennen Sie diese *Dame*?	¿Conoce usted a esa *señora*?
– Das ist unsere *Nachbarin*.	– Es nuestra *vecina*.
Meine Cousine hat ein zweijähriges *Kind*.	Mi prima tiene *un hijo* de dos años.
Wer ist der *Junge* auf dem Fahrrad?	¿Quién es *el chico* de la bici?
Wer ist das *Mädchen* auf dem Foto?	¿Quién es *la chica* de la foto?
Der *Jugendliche* auf dem Mofa ist Rafael.	*El joven* de la moto, es Rafael.

Ich habe mit einem 16-jährigen *Mädchen* gesprochen.

Viele Jugendliche sind arbeitslos.

Ich habe drei *Personen gefragt.*
(jdn fragen)

Viele *Leute* waren auf der Straße.

Die *Erwachsenen* haben andere Probleme als die Kinder.

In unserem Haus wohnen mehrere *alte Leute.*

He hablado *con una chica* de 16 años.

Muchos jóvenes están en paro.

He *preguntado* a tres *personas.*
(preguntar a alg.)

Había mucha *gente* en la calle.

Los *adultos* tienen otros problemas que los niños.

En nuestra casa viven varias *personas mayores.*

3.
DIE FAMILIE

3.1 DIE FAMILIENMITGLIEDER UND DIE VERWANDTEN

Ich bin *verheiratet/geschieden/
unverheiratet.*
Ich *habe* letztes Jahr *geheiratet.*
(heiraten)
Ich *wurde* vor zwei Jahren *geschieden.*
(sich scheiden lassen)
Ich *habe mich* von meinem Mann
getrennt.
(sich von jdm trennen)
Mein Mann / Meine Frau kommt aus
Berlin.
Mein/e *Lebenspartner/-in* arbeitet
in einer Werbeagentur.
Haben Sie Kinder?
Wir haben einen dreijährigen *Sohn*
und eine 6 Monate alte *Tochter.*
Wir haben zwei Kinder, einen
Jungen und ein *Mädchen.*
Ich fahre mit meiner *Familie*
in die Ferien.
Für mich ist das *Familienleben*
sehr *wichtig.*
Mein *Vater* ist Arbeiter.
Meine *Mutter* ist Verkäuferin.

Estoy *casado/casada/divorciado/divorciada/
soltero/soltera.*
Me casé el año pasado.
(casarse)
Me divorcié hace dos años.
(divorciarse)
Me separé de mi marido.

(separarse de alg.)
Mi marido / Mi esposa es de Berlín.

Mi *compañero/compañera* trabaja en una
agencia de publicidad.
¿Tiene hijos?
Tenemos un hijo de tres años y *una hija* de seis
meses.
Tenemos dos hijos, *un niño* y *una niña.*

Me voy de vacaciones con mi *familia.*

La vida familiar es muy *importante para mí.*

Mi *padre* es obrero.
Mi *madre* es vendedora.

Meine *Eltern* leben *getrennt /* sind *geschieden.*	Mis *padres* están *separados/divorciados.*
Hast du *Geschwister?*	¿Tienes *hermanos?*
Ich habe einen *Bruder* und eine *Schwester.*	Tengo *un hermano* y *una hermana.*
Mein *Großvater* ist 70 Jahre alt.	Mi *abuelo* tiene 70 años.
Meine *Großmutter* wohnt nicht weit von uns entfernt.	Mi *abuela* vive cerca de nosotros.
Ich gehe oft zu meinen *Großeltern.*	Muchas veces voy a casa de mis *abuelos.*
Mein *Onkel* ist Architekt.	Mi *tío* es arquitecto.
Ich habe *eine Tante* in Berlin.	Tengo *una tía* en Berlín.
Hier ist ein *Foto* von meinem *Cousin /* meiner *Cousine.*	Esta es *una foto* de mi *primo / de mi prima.*
Auf dem Foto, das ist mein *Neffe /* meine *Nichte.*	En la foto, el/la que ves es mi *sobrino /* mi *sobrina.*
Wir wohnen bei meinen *Schwiegereltern.*	Vivimos en casa de mis *suegros.*
Mein *Schwiegervater /* Meine *Schwiegermutter* wohnt bei uns.	Mi *suegro /* Mi *suegra* vive con nosotros.
Mein *Schwager /* Meine *Schwägerin* wohnt 5 km von uns entfernt.	Mi *cuñado / Mi cuñada* vive a 5 kilómetros de nosotros.

3.2 DAS FAMILIENLEBEN, DIE ZWISCHENMENSCHLICHEN BEZIEHUNGEN

Das gute Verhältnis

Ich *liebe* meinen Mann.	*Quiero a* mi marido.
(etw. / jdn lieben)	(querer a/c / a alg.)
Wir *verstehen uns* sehr gut.	*Nos entendemos* muy bien.
(sich mit jdm gut verstehen)	(entenderse bien con alg.)
Ich bin sehr *verliebt* in sie/ihn.	Estoy muy *enamorada/enamorado* de ella/de él.
Wir sind häufig *der gleichen Meinung.*	Muchas veces somos *de la misma opinión.*
Wir *streiten uns* sehr selten.	*Nos peleamos* muy pocas veces.
(sich mit jdm streiten)	(pelearse)
Wir haben *ein gutes Verhältnis* zu unseren Kindern.	Tenemos *buenas relaciones* con nuestros hijos.
Sie *kommen uns* regelmäßig *besuchen.*	*Vienen a vernos* regularmente.
(jdn besuchen (kommen))	(venir a ver a alg.)
Wir telefonieren oft *miteinander.*	Muchas veces *nos llamamos por teléfono.*
(miteinander telefonieren)	(llamarse por teléfono)

Wir *lassen* unseren Kindern viel *Freiheit*.	*Dejamos* mucha *libertad* a nuestros hijos.
Wir *vertrauen* ihnen.	*Tenemos confianza* en ellos.
(jdm vertrauen)	(tener confianza en alg.)
Ich habe ein gutes Verhältnis zu meinen Eltern.	Tengo buenas relaciones con mis padres.
Ich verstehe mich sehr gut mit ihnen.	Me entiendo muy bien con ellos.
Ich kann *mit* meinen Eltern *über* all meine Probleme *sprechen*.	*Con* mis padres puedo *hablar de* todos mis problemas.
(über etw. sprechen)	(hablar de a/c)
(mit jdm sprechen)	(hablar con alg.)
Ich hatte ein gutes *Gespräch* mit meinen Eltern.	He tenido *una* buena *conversación* con mis padres.
Wir haben *über* unsere Ferienpläne *diskutiert*.	Hemos *discutido de* lo que vamos a hacer en las vacaciones.
(über jdn / über etw. diskutieren)	(discutir de alg. / de a/c)
Wir hatten *eine* lange *Diskussion*.	Tuvimos *una* larga *discusión*.
Ich habe viel Freiheit.	Tengo mucha libertad.
Ich kann *ausgehen*, wann ich will.	Puedo *salir* cuando quiera.
Ich *sage* meinen Eltern immer die *Wahrheit*.	Siempre *digo la verdad* a mis padres.
(jdm etw. sagen)	(decir a/c a alg.)

Das schlechte Verhältnis, Kritik (→ Erlaubnis, Verbot 17.4)

Ich verstehe mich nicht mehr mit meinem Mann / meiner Frau.	Ya no me entiendo con mi marido / mi esposa.
Ich kann ihn/sie nicht mehr *ertragen*.	Ya no le/la puedo *aguantar*.
Ich streite mich oft mit ihm/ihr.	Muchas veces me peleo con él/ella.
Ich habe oft *Streit* mit ihm/ihr.	Muchas veces tengo *peleas* con él/ella.
Er/Sie *interessiert sich* nicht *für* das, was ich tue.	El/Ella no *se interesa por* lo que hago yo.
(sich für etw. interessieren)	(interesarse por a/c)
Er/Sie *kümmert sich* nicht *um* meine Probleme.	El/Ella no *se ocupa de* mis problemas.
(sich um etw. / um jdn kümmern)	(ocuparse de a/c / de alg.)
Er/Sie *wird* sofort *wütend*.	El/Ella *se pone furioso/furiosa* enseguida.
(wütend werden)	(ponerse furioso/furiosa)
Ich habe *Ärger* mit meinen Eltern.	Tengo *problemas* con mis padres.
Ich habe keinen *Kontakt* zu meinem Vater.	No tengo *contacto* con mi padre.

Sie *behandeln* mich wie ein kleines Kind.
(jdn behandeln)
Ich bin nicht *frei*.
Ich darf abends *nicht* ausgehen.
Meine Eltern *lassen* mich nicht in die *Diskothek* gehen.
(jdn etw. machen lassen)
Sie *erlauben* mir nicht, in die Disco zu gehen.
(jdm erlauben, etw. zu tun)
Sie *geben* mir nicht die *Erlaubnis*, abends auszugehen.
(jdm die Erlaubnis geben, etw. zu tun)
Ich muss meine Eltern *fragen*, ob ich meine Freunde zu mir einladen darf.
(jdn fragen)
Ich muss sie um die Erlaubnis *bitten*, wenn ich ausgehen will.
(jdn um etw. bitten) ,
Meine Eltern *akzeptieren* meine Freunde nicht.
(jdn/etw. akzeptieren)
Sie wollen alles *kontrollieren*.
(etw. kontrollieren)
Sie *kritisieren* meine Kleidung.
(etw./jdn kritisieren)
Ich finde, ihre *Kritik* ist nicht *berechtigt*.
Sie *werfen* mir *vor*, nicht genug für die Schule zu arbeiten.
(jdm vorwerfen, etw. zu tun)
Mein Vater *macht* mir immer *Vorwürfe*.

Mein Sohn / Meine Tochter tut nichts zu Hause.
(etw. machen, etw. tun)
Er/Sie kritisiert alles, was man macht.
Er/Sie *gehorcht* uns nie.
(jdm gehorchen)

Me *tratan* como a un niño pequeño.

(tratar a alg.)
No soy *libre*.
No puedo salir de noche.
Mis padres no me *dejan* ir a la *discoteca*.
(dejar hacer a/c a alg.)
No me *permiten* que vaya a la discoteca.

(permitir a alg. que + subjuntivo)
No me *dan permiso* para salir de noche.

(dar permiso a alg. para hacer a/c)
Tengo que *preguntar* a mis padres si puedo invitar a mis amigos.
(preguntar a alg.)
Les tengo que *pedir* permiso cuando quiero salir.
(pedir a/c a alg.)
Mis padres no *aceptan* a mis amigos.

(aceptar a alg. / a/c)
Quieren *controlar*lo todo.
(controlar a/c)
Critican mi ropa.
(criticar a/c / a alg.)
Pienso que su *crítica* no es *justa*.
Me *reprochan* que no trabaje bastante en mis estudios.
(reprochar a alg. que + subjuntivo)
Mi padre siempre me está *haciendo reproches* (m.).

Mi hijo / Mi hija no hace nada en casa.

(hacer a/c)
El/Ella critica todo lo que se hace.
El/Ella nunca nos *obedece*.
(obedecer a alg.)

Man darf ihm/ihr nichts *sagen*.

(jdm etw. sagen)

No se le puede *decir* nada.

(decir a/c a alg.)

3.3 DER HAUSHALT (→ In der Wohnung 6.3, Die Einrichtung 6.4, Essen, Trinken 10.1)

Ich *mache den Haushalt*.
Ich *helfe* meiner Mutter / meinem
Vater *bei der Hausarbeit*.

(jdm helfen, etw. zu tun)

Wir haben keine *Haushaltshilfe*.
Ich *gehe einkaufen*.
Ich *koche*.
Ich *bereite* die *Mahlzeiten zu*.

(etw. zubereiten, vorbereiten)

Ich mache mir das *Frühstück* selbst.
Ich mache das *Mittagessen* /
das *Abendessen*.
Wir haben einen *Elektro-/Gasherd*.
Ich *stelle* eine Pizza in die *Mikrowelle*.

(etw. hinein legen/stellen)

Die Butter ist im *Kühlschrank*.
Ich *decke den Tisch*.
Ich *spüle das Geschirr*.
Ich stecke das Geschirr in den
Geschirrspüler.
Ich *putze* die Küche.

(etw. säubern, putzen)

Ich *sauge Staub*.

(Staub saugen)

Ich *räume* mein *Zimmer auf*.

(etw. aufräumen)

Ich *mache* mein *Bett*.
Ich *wasche* die *schmutzige Wäsche*.

(etw. waschen)

Ich stecke die Wäsche in die
Waschmaschine.
Machst du mal bitte *das Licht an*?

(das Licht anmachen)

Hago *los quehaceres domésticos*.
Ayudo *a* mi madre / mi padre *en casa*.

(ayudar a alg. a hacer a/c)

No tenemos *empleada del hogar*.
Voy de compras.
Cocino.
Preparo las comidas.

(preparar a/c)

Me preparo el *desayuno yo* solo/sola.
Preparo la *comida* / la *cena*.

Tenemos *una cocina eléctrica/ de gas*.
Meto una pizza en *el microondas*.

(meter a/c)

La mantequilla está en *la nevera*.
Pongo la mesa.
Friego los platos.
Meto los platos en *el lavaplatos*.

Limpio la cocina.

(limpiar a/c)

Paso la aspiradora.

(pasar la aspiradora)

Arreglo mi *habitación*.

(arreglar a/c)

Hago mi *cama*.
Lavo la ropa sucia.

(lavar a/c)

Meto la ropa en *la lavadora*.

Enciende la luz, por favor.

(encender la luz)

Machst du mal bitte *das Licht aus*?
(das Licht ausmachen)
Um Licht zu machen, musst du
auf den Knopf drücken.
Diese *Lampe funktioniert* nicht.
(funktionieren)
Hast du eine *Taschenlampe* bei dir?

Apaga la luz, por favor.
(apagar la luz)
Para encender la luz tienes que *pulsar el
interruptor*.
Esta *lámpara* no *funciona*.
(funcionar)
¿Llevas *linterna*?

3.4 DAS GELD, DAS TASCHENGELD

Ich *verdiene* viel/wenig/genug.
((Geld) verdienen)
Ich bin mit meinem *Gehalt zufrieden*.
Ich *spare* jeden Monat 50 Euros.
Ich *spare* einen *Teil* meines *Geldes*.
(etw. sparen)
Ich *habe* 50 Euros auf mein *Sparkonto/
Bankkonto/Girokonto überwiesen*.
(Geld überweisen)
Meine Eltern *geben* mir 40 Euros
Taschengeld im Monat.
(jdm etw. geben)
Ich *bekomme* 40 Euros Taschengeld.
(etw. bekommen, erhalten)
Von dem Geld *kaufe* ich *mir* CDs
und Bücher.
(sich etw. kaufen)
Meine Eltern *bezahlen* mir meine
Kleidung.
(jdm etw. bezahlen)
Ich verdiene mir mein *Taschengeld*.
Ich *mache* auch *Babysitting*, aber
das ist *selten*.
Ich *passe* auf die Kinder einer
Nachbarin *auf*.
(auf jdn aufpassen)

Gano mucho/poco/suficiente.
(ganar (dinero))
Estoy *contento/contenta* con mi *sueldo*.
Cada mes *ahorro* 50 euros.
Ahorro parte de mi *dinero*.
(ahorrar a/c)
He transferido 50 euros a mi *cuenta
de ahorros / cuenta bancaria / cuenta corriente*.
(transferir dinero)
Mis padres me *dan* 40 euros al mes para
mis gastos personales.
(dar a/c a alg.)
Recibo 40 euros para mis gastos personales.
(recibir a/c)
Con este dinero, *me compro* CD y libros.

(comprarse a/c)
Mis padres me *pagan* la ropa.

(pagar a/c a alg.)
Me gano mi *dinero para los gastos personales*.
También *hago de canguro*, pero eso ocurre
raramente.
Cuido a los niños de una vecina.

(cuidar a alg.)

3.5 DER TAGESABLAUF (→ Zeitangaben 25.1)

Ich *stehe* um 6.45 Uhr *auf*.
(aufstehen)

Me *levanto* a las siete menos cuarto.
(levantarse)

Ich *frühstücke in aller Ruhe / in aller Eile*.
(frühstücken)

Desayuno tranquilo / de prisa.
(desayunar)

Um 7.15 Uhr *gehe* ich *aus dem Haus*.
(hinausgehen)

A las siete y cuarto *salgo de casa*.
(salir)

Ich *verlasse* das Haus, um zur Schule / zur Arbeit / zum Büro zu gehen.
(etw. verlassen)

Salgo de casa para ir al colegio/instituto / al trabajo / a la oficina.
(salir de a/c)

Ich *gehe zu Fuß* zur Schule.
(irgendwo hingehen)

Voy andando al colegio/instituto.
(ir a)

Ich *fahre mit dem Rad / mit dem Bus / mit dem Auto* zur Arbeit.
(fahren, hinfahren + Verkehrsmittel)

Voy al trabajo *en bici / en autobús / en coche*.
(ir en)

Ich gehe zur *Bushaltestelle*.
Die Haltestelle ist 100 m von meiner Wohnung entfernt,das ist sehr *praktisch*.

Voy a *la parada de autobuses*.
La parada está a 100 metros de mi casa, lo que es muy *cómodo*.

Der Bus *fährt* um 7.30 Uhr *ab*.
(abfahren)

El autobús *sale* a las siete y media..
(salir)

Um 13.45 Uhr *komme* ich aus der Schule / von der Arbeit *nach Hause*.
(nach Hause kommen)

A las dos menos cuarto *vuelvo* del colegio/ instituto / del trabajo.
(volver (a casa))

Mittags gehe ich nicht nach Hause, *um zu Mittag zu essen*.
(zu Mittag essen)

No vuelvo a casa *para comer a mediodía*.
(comer a mediodía)

Ich *esse* …
… in der *Kantine*.
… in einem *Selbstbedienungsrestaurant*.
… in einer *Kneipe*.
… in einem *Restaurant*.
(essen)

Como…
… en *la cantina*.
… en *un autoservicio*.
… en *un bar*.
… en *un restaurante*.
(comer)

Nach dem *Mittagessen mache* ich *meine Hausaufgaben*.

Después *de comer, hago mis deberes*.

Wenn ich von der Arbeit komme, bin ich *müde*.

Cuando vuelvo del trabajo, estoy *cansado/ cansada*.

Ich *ruhe mich* eine Stunde *aus*.
(sich ausruhen)

Im Allgemeinen esse ich um 19 Uhr
zu Abend.
(zu Abend essen)

Nach dem *Abendessen* sehe ich fern /
lese ich die Zeitung.
(etw. lesen)

Ich habe die Gewohnheit, nach
dem Abendessen fernzusehen.
(die Gewohnheit haben, etw. zu tun)

Ich bin daran gewöhnt, bis um 10 Uhr
abends zu arbeiten.
(gewöhnt sein, etw. zu tun)

Um 22 Uhr *gehe* ich *zu Bett / ins Bett.*
(zu Bett / ins Bett gehen)

Descanso una hora.
(descansar)

Normalmente, ceno a las siete de la tarde.

(cenar)

Después de *la cena*, veo la tele /
leo el periódico.
(leer a/c)

Suelo ver la tele después de cenar.

(soler hacer a/c)

Estoy acostumbrado/acostumbrada a trabajar
hasta las diez de la noche.
(estar acostumbrado/acostumbrada a hacer a/c)

Me acuesto a las diez.
(acostarse)

4.
DIE FREUNDE

4.1 DIE FREUNDE, DIE BEKANNTEN

Das ist mein *Freund* Rafael.
Este es mi *amigo* Rafael.

Das ist meine *Freundin* Cristina.
Esta es mi *amiga* Cristina.

Es ist nicht leicht, *Freunde kennenzulernen.*
No es fácil *hacer amigos.*

Ich habe das *aus Freundschaft zu dir* getan.
Eso lo he hecho *porque eres amigo mío.*

Das ist *ein guter Freund.*
Este es *un buen amigo.*

Ich gehe mit einem *Freund* / einer *Freundin* ins Kino.
Voy al cine con *un amigo* / *una amiga.*

Ich gehe zu einem *Kollegen* / einer *Kollegin.*
Voy a casa de *un compañero* / *una compañera.*

Ich *kenne* Rafael/Cristina seit zwei Jahren.
Conozco a Rafael/Cristina desde hace dos años.

(jdn kennen)
(conocer a alg.)

Ich *habe ihn/sie* in Madrid *kennengelernt.*
Le/La *conocí* en Madrid.

(jdn kennenlernen)
(conocer a alg.)

4.2 SICH TREFFEN, BESUCHEN, EINLADEN

Wenn ich Zeit habe, *treffe ich mich mit meinen Freunden.*
Cuando tengo tiempo *me veo con mis amigos.*

(sich treffen)
(verse)

Wir treffen uns einmal in der Woche.
Nos vemos una vez a la semana.

Morgen Abend *treffe ich mich mit* einem Freund / einer Freundin.
(sich mit jdm treffen, mit jdm verabredet sein)
Wir gehen *gemeinsam* ins Theater.
Ich habe keine Zeit zum Ausgehen.
Ich habe Sara auf der Straße *getroffen*.
(jdn treffen)
Wo *treffen* wir *uns*?
– Vor dem Museum.
(sich treffen + Ortsangabe)
Im April habe ich Paco *besucht*.
(jdn besuchen (gehen))
Wann *besuchst* du mich?
(jdn besuchen (kommen))
Kommst du / Kommen Sie *uns* in den Ferien *besuchen*?
(jdn besuchen kommen)
Ich habe meine Tante *besucht*.
(jdm einen Besuch abstatten)
Ich *lade dich ein* / Ich *lade Sie ein,* uns im Sommer zu besuchen.
(jdn einladen, etw. zu tun)
Paco hat mich zu seinem Geburtstag / zu seinem *Namenstag* eingeladen.
Vielen Dank für deine *Einladung*.
Ich habe eine Einladung von meiner Freundin *bekommen*.
(etw. von jdm bekommen)
Sie macht am Samstag eine *Fete*.
Wir haben *oft Besuch*.

Mañana por la tarde *tengo una cita con* un amigo / una amiga.
(tener una cita con alg.)
Vamos al teatro *juntos*.
No tengo tiempo para salir.
Me encontré con Sara en la calle.
(encontrarse con alg.)
¿Dónde *quedamos*?
– Delante del museo.
(quedar + Ortsangabe)
En abril *fui a ver* a Paco.
(ir a ver a alg.)
¿Cuándo *vienes a ver*me?
(venir a ver a alg.)
¿*Nos visitas / Nos visita* usted en las vacaciones?
(visitar a alg.)
Hice una visita a mi abuela.
(hacer una visita a alg.)
Te invito / le invito a visitarnos en el verano.
(invitar a alg. a hacer a/c)
Paco me ha invitado a su cumpleaños / a su *santo*.
Muchas gracias por tu *invitación*.
He *recibido* una invitación de mi amiga.
(recibir a/c de alg.)
Da *una fiesta* el sábado.
Muchas veces tenemos *visitas*.

5.
FREIZEIT UND HOBBIES

5.1 ALLGEMEINES

Was machst du *in deiner Freizeit*?
¿Qué haces *en tu tiempo libre*?

Was machst du *in deiner freien Zeit*?
¿Qué haces *cuando estás libre*?

Was machen Sie in Ihrer Freizeit?
¿Qué hace usted en su tiempro libre?

Was für Hobbies hast du / haben Sie?
¿Qué hobbys tienes / tiene usted?

Meine liebste *Freizeitbeschäftigung* ist *Lesen*.
Mi *pasatiempo* preferido es *leer*.

Ich habe viel *Freizeit*.
Tengo mucho *tiempo libre*.

In meiner Freizeit spiele ich Tennis.
En mi tiempo libre juego al tenis.

In der Woche habe ich keine Zeit zum Ausgehen.
Entre semana no tengo tiempo para salir.

Am Wochenende machen wir Ausflüge.
Los fines de semana vamos de excursión.

Dieses Wochenende gehe ich zum Geburtstag einer Freundin.
Este fin de semana voy al cumpleaños de una amiga.

5.2 SPORT, SPIELE (→ Weitere Freizeitaktivitäten 5.8)

Treibst du / Treiben Sie Sport?
¿Haces / Hace usted algún deporte?

Was für Sport treibst du / treiben Sie?
¿Qué deporte haces / hace usted?

Ich *mache Judo*.
Practico judo.

Ich *schwimme*.
Nado.

Ich *reite*.
Monto a caballo.

Ich *spiele Tennis/Fußball/ Basketball/Volleyball/ Badminton/ Tischtennis.*

Ich *fahre Rad/Inline-Skate/Skateboard.*

Er/Sie *schwimmt* sehr gut.
(schwimmen)

Kannst du Ski laufen?
(Ski laufen können)

Ich *kann nicht* Ski laufen.

Ich *fahre* jedes Jahr *in den Wintersport.*

Ich habe das Reiten mit 11 Jahren *gelernt.* (lernen, etw. zu tun)

Reiten ist mein Lieblingshobby.

Ich *spiele* einmal in der Woche *Tennis.*

Ich *spiele Karten* mit meiner Familie.

Ich bin in einem *Tennisklub /* in einem *Reitklub.*

Ich bin in einer *Fußballmannschaft.*

In unserer Nähe *gibt es* …

… einen *Tennisplatz.*

… einen *Sportplatz/Fußballplatz.*

… ein *Sportzentrum.*

… ein *Freizeitzentrum.*

… einen *Reiterhof.*

… ein *Schwimmbad.*

Ich *spiele Videospiele/Computerspiele.*

Juego al tenis/fútbol / baloncesto/voleibol/ bádminton / tenis de mesa.

Voy en bici / en patines en línea / en monopatín.

El/Ella *nada* muy bien.
(nadar)

¿Sabes esquiar?
(saber esquiar)

No sé esquiar.

Cada año *voy a esquiar.*

Aprendí a montar a caballo a los 11 años.
(aprender a hacer a/c)

Montar a caballo es mi hobby preferido / afición preferida.

Juego al tenis una vez a la semana.

Juego a las cartas con mi familia.

Soy socio de *un club de tenis /* de *un club de equitación.*

Juego en *un equipo de fútbol.*

Cerca de nuestra casa *hay* …

… *una pista de tenis.*

… *un campo de fútbol.*

… *un polideportivo.*

… *un centro de ocio.*

… *un centro hípico.*

… *una piscina.*

Juego a videojuegos / juegos de ordenador.

5.3 DIE MUSIK, DIE KUNST

Die Musik

Magst du *Musik?*
(etw. lieben, mögen)

Mögen Sie *Popmusik?*

Was für Musik mögen Sie?

Ich mag Popmusik *sehr.*
(etw. sehr gern mögen)

Ich mag *auch Rock / Jazz / klassische Musik.*

¿Te gusta la música?
(gustar a/c a alg.)

¿Le gusta la música pop?

¿Qué tipo de música le gusta?

A mí me gusta mucho la música pop.
(gustar mucho a/c a alg.)

Me gusta también *el rock / el jazz / la música clásica.*

Ich gehe oft ins *Konzert.*	Voy a *conciertos* frecuentemente.
Ich *mag* klassische Musik *nicht besonders.*	La música clásica *no me gusta mucho.*
Ich *höre gern* Musik.	*Me gusta escuchar* música.
(etw. gern tun)	(gustar a alg. hacer a/c)
Ich mag *besonders* die englischen *Gruppen.*	Me gustan *sobre todo los grupos* ingleses.
Mein *Lieblingssänger* ist … .	Mi *cantante favorito* es… .
Meine *Lieblingssängerin* ist … .	Mi *cantante favorita* es … .
Ich habe mehrere *CDs* und *Kassetten* von … .	Tengo varios *CD* y *casetes* de …
Ich mag besonders die *Lieder* von … .	Me gustan sobre todo *las canciones* de … .
… *singt* sehr gut.	… *canta* muy bien.
(singen)	(cantar)
Die *Melodie* dieses Liedes *gefällt* mir sehr.	La *melodía* de esta canción me *gusta* mucho.
Der *Text* dieses Liedes *gefällt* mir *überhaupt nicht.*	El *texto* de esta canción *no* me *gusta nada.*
(jdm gefallen)	(gustar a alg.)
Haben Sie einen *Kassettenrekorder /* einen *CD-Player /* einen *Videorekorder /* eine *Stereoanlage?*	¿Tiene usted *un casete / un compact / un vídeo / un equipo estéreo?*
Kannst du bitte *eine Kassette / eine CD einlegen?*	¿Puedes *poner una casete / un CD,* por favor?
Ich werde *den Videorekorder einschalten.*	Voy a *poner el vídeo.*
Ich werde *den Videorekorder ausschalten.*	Voy a *apagar el vídeo.*
Die Musik ist zu *laut /* zu *leise.*	La música está demasiado *fuerte/baja.*
(laut)/(leise)	(fuerte)/(bajo/baja)
Kannst du bitte das Radio *leiser stellen?*	¿Puedes *poner* la radio *más baja,* por favor?
Kannst du das Radio *lauter stellen?*	¿Puedes *poner* la radio *más alta?*
(lauter stellen)	(poner más alto/alta)
Ich werde *dieses Lied aufnehmen.*	Voy a *grabar esta canción.*
Spielst du *ein* (Musik-)*Instrument?*	¿*Tocas un instrumento* (de música)?
(ein Instrument spielen)	(tocar un instrumento)
Ich spiele *Gitarre/Klavier/ Geige/Flöte/Schlagzeug.*	Toco *la guitarra / el piano / el violín / la flauta / la batería.*
Nimmst du *Unterricht?*	¿*Vas a clases?*

Ich nehme Unterricht an der *Musikschule.*

Estudio en *la escuela de música.*

Spielst du mir etwas auf deiner Gitarre?

¿Me tocas algo en tu guitarra?

Die Kunst

Ich *interessiere mich* sehr für *moderne Kunst.*

Me *intereso* mucho por el *arte moderno.*

(sich für etw. interessieren)

(interesarse por a/c)

Ich mag besonders die *Bilder* von Goya.

Me gustan sobre todo *los cuadros* de Goya.

Ich interessiere mich sehr für die *Maler* des *20. Jahrhunderts.*

Me intereso mucho por *los pintores del siglo XX.*

Ich gehe oft *in (Kunst-)Ausstellungen.*

Muchas veces voy *a exposiciones (de arte).*

Im Museum gibt es eine Ausstellung über moderne Kunst. Gehst du mit mir dorthin?

En el museo hay una exposición de arte moderno. ¿Vienes conmigo a verla?

– Wie teuer ist der *Eintritt?*

– ¿Cuánto cuesta *la entrada?*

– Das ist *kostenlos.*

– Es *gratis.*

5.4 DAS KINO, DAS THEATER

Das Kino

Gehst du / Gehen Sie oft ins *Kino?*

¿*Vas / Va usted* al *cine* frecuentemente?

(irgendwo hingehen)

(ir a)

Was für Filme schaust du dir an?

¿*Qué tipo de películas* ves?

Magst du *Actionfilme/Sciencefictionfilme/Zeichentrickfilme/Krimis?*

¿Te gustan *las películas de acción / de ciencia ficción / de dibujos animados / las películas policíacas?*

Gestern *war* ich *in dem Film …*

Ayer *fui a ver la película …*

(in einen Film gehen (ugs.))

(ir a ver una película)

Du musst ihn dir unbedingt ansehen.

Tienes que verla sin falta.

Er *läuft* im Rex.

La *ponen* en el Rex.

Was läuft im Kino?

¿Qué películas ponen en el cine?

Wann *beginnt* der Film / die *(Kino-)Vorstellung?*

¿A qué hora *empieza* la película / la *sesión?*

(beginnen)

(empezar)

Wann *ist* der Film *zu Ende?*

¿A qué hora *termina* la película?

(zu Ende sein, enden)

(terminar)

Wie viel kostet die Eintrittskarte?	*¿Cuánto cuesta la entrada?*
Gibt es eine *Ermäßigung* für *Schüler /* für *Studenten /* für *Rentner?*	*¿Hay un precio especial* para *escolares/ estudiantes/jubilados?*
An Donnerstagen *ist der Eintrittspreis ermäßigt.*	Los jueves *la entrada es más barata.*
Die *ermäßigte Eintrittskarte* kostet …	*La entrada a precio especial* cuesta …

Das Theater

Ich gehe oft/selten ins *Theater.*	Voy al *teatro* frecuentemente/raramente.
Das ist ein modernes *Theaterstück.*	Es *una obra de teatro* moderna.
Die *Aufführung findet* in der Stadthalle *statt.*	*La función tiene lugar* en el auditorio municipal.
(stattfinden)	(tener lugar)
Kennen Sie diesen *Schauspieler /* diese *Schauspielerin?*	¿Conoce usted a este *actor /* a esta *actriz?*
(jdn kennen)	(conocer a alg.)

5.5 DAS FERNSEHEN, DAS RADIO

Das Fernsehen

Ich *sehe* jeden Tag *fern.*	*Veo la tele* todos los días.
(fernsehen)	(ver la tele)
Heute Abend gibt es *im Fernsehen eine Sendung* über Deutschland.	Esta noche hay *en la tele una emisión* sobre Alemania.
Ich sehe mir vor allem … an.	Veo sobre todo …
… *Sportsendungen* …	… *programas deportivos.*
… *Musiksendungen* …	… *emisiones musicales.*
… *kulturelle Sendungen* …	… *emisiones culturales.*
… *Gameshows* …	… *concursos.*
… *Actionfilme* …	… *películas de acción.*
Manchmal sehe ich mir auch *politische Sendungen* an.	A veces, veo también *emisiones políticas.*
Ich sehe regelmäßig *die Nachrichten.*	Veo *las noticias* con regularidad.
Wir haben …	Tenemos …
… *Satellitenfernsehen.*	… *televisión vía satélite.*
… *Kabelfernsehen.*	… *televisión por cable.*
Unser *Fernseher* ist zwei Jahre alt.	Nuestra *tele* tiene dos años.
Unser Fernseher *läuft* nicht.	Nuestra tele no *funciona.*
(funktionieren, laufen)	(funcionar)

Schaltest du bitte *das Fernsehen ein?*
(das Fernsehen einschalten)
Schaltest du bitte *das Fernsehen aus?*
(das Fernsehen ausschalten)
Gib mir die *Fernbedienung.*
Gibst du mir bitte das *Fernseh-*
programm?
Was gibt es heute Abend im
Fernsehen?
Im 1. Programm läuft ein Krimi.

Im 2. Programm gibt es eine
Sportreportage.
In Telecinco gibt es eine Gameshow.
Ich würde gern den Krimi *sehen.*
Ich würde lieber die Gameshow
in Telecinco *sehen.*
Manchmal *streiten* wir *uns* wegen
des Fernsehprogramms.
(sich mit jdm streiten)
Hast du gestern Abend den Actionfilm
im Fernsehen gesehen?
(etw. im Fernsehen sehen)
Ich *finde* die Actionfilme *entsetzlich.*

(etw. … finden)
Ich mag die *Fernsehwerbung* nicht.
Hör auf, hin- und herzuschalten!
(aufhören, etw. zu tun)
Habt ihr einen *Videorekorder?*
Du könntest diesen Film *aufnehmen.*
Manchmal *leihe* ich eine *Videokassette*
in der *Videothek aus.*
(etw. ausleihen)

¿*Pones la tele,* por favor?
(poner la tele)
¿*Apagas la tele,* por favor?
(apagar la tele)
Dame *el telemando.*
¿Me das *el programa de televisión,*
por favor?
¿Qué hay en la tele esta noche?

En la primera cadena están poniendo una
película policíaca.
En la segunda cadena hay un *reportaje*
deportivo.
En Telecinco hay un concurso.
A mí me gustaría ver la película policíaca.
Yo preferiría ver el concurso en Telecinco.

A veces *nos peleamos por* el programa
de televisión.
(pelearse con alg.)
¿*Viste* anoche la película de acción *en la tele?*
(ver a/c en la tele)
A mí las películas de acción *me parecen*
horrorosas.
(parecer … a alg.)
No me gusta *la publicidad en la tele.*
¡*Deja de cambiar de programa!*
(dejar de hacer a/c)
¿*Tenéis vídeo?*
Podrías *grabar* esta película.
A veces *alquilo una cinta de vídeo en un*
videoclub.
(alquilar a/c)

Das Radio

Hast du / Haben Sie *Radio gehört?*
(Radio hören)
Ich höre vor allem den *Lokalfunk.*

¿*Has / Ha usted escuchado la radio?*
(escuchar la radio)
Escucho sobre todo la *emisora local.*

Hast du / Haben Sie die 20-Uhr-Nachrichten *im Radio* gehört?	¿Has / Ha usted escuchado las noticias de las ocho *en la radio?*
Unser *Radiogerät läuft* nicht mehr.	Nuestra *radio* ya no funciona.
(laufen, funktionieren)	(funcionar)
Schalte das Radio *ein.*	*Pon* la radio.
(das Radio einschalten)	(poner la radio)
Schalte das Radio *ab.*	*Apaga* la radio.
(das Radio abschalten)	(apagar la radio)

5.6 DAS LESEN: BÜCHER, ZEITSCHRIFTEN

Die Bücher

Liest du gern?	¿Te gusta *leer?*
(etw. lesen)	(leer a/c)
Was ist das für ein *Buch?*	¿Qué tipo de *libro* es?
Was für Bücher liest du?	¿Qué tipo de libros lees?
Ich lese vor allem …	Leo sobre todo …
… *Krimis.*	… *novelas policíacas.*
… *Abenteuerromane.*	… *novelas de aventuras.*
… *Sciencefictionromane.*	… *novelas de ciencia ficción.*
… *Liebesromane.*	… *novelas de amor.*
… *Comics.*	… *cómics.*
Ich *leihe* mir meine Bücher in der Bibliothek *aus.*	*Cojo prestados* mis libros de una biblioteca.
(sich etw. ausleihen, etw. bei jdm ausleihen)	(coger prestado a/c de alg.)

Die Zeitschriften

Ich lese gern *Jugendzeitschriften / Frauenzeitschriften.*	Me gusta leer *revistas para la juventud / revistas femeninas.*
(die Zeitschrift)	(la revista)
Ich lese vor allem …	Leo sobre todo …
… die *Artikel über* die Mode.	… *los artículos sobre* moda.
… die *Reportagen über* Stars.	… *los reportajes sobre* las estrellas.
In dieser Nummer gibt es *ein Interview mit* … .	En este número hay *una entrevista con* … .
Das Interview ist *auf Seite 10.*	La entrevista está *en la página 10.*
Ich lese vor allem die *Horoskope.*	Leo sobro todo *los horóscopos.*
Ich lese regelmäßig *die Zeitung.*	Leo *el periódico* con regularidad.

Ich lese nur den *Lokalteil* /
das *Vermischte* / den *Sportteil*.
Hast du die *Anzeigen* gelesen?

Leo solamente *la parte local* / *la miscelánea* /
el deporte.
¿Has leído *los anuncios?*

5.7 DER COMPUTER

Ich habe einen *Multimedia-Computer.*
Ich surfe im Internet.
Ich mache meine Hausaufgaben
mit dem Computer.
Ich *mache Textverarbeitung.*
Ich *arbeite mit Grammatikprogram-*
men / *mit Wortschatzprogrammen*
in Englisch.
Ich habe einen *Tintenstrahldrucker* /
einen *Laserdrucker.*

Tengo *un ordenador multimedia.*
Navego en internet.
Hago mis deberes *en el ordenador.*

Trabajo con tratamiento de textos.
Trabajo con programas de gramática /
con programas de léxico en inglés.

Tengo *una impresora de inyección de tinta* /
una impresora láser.

5.8 WEITERE FREIZEITAKTIVITÄTEN (→ Sport, Spiele 5.2)

Ich mache *Ausflüge.*
Ich *wandere.*
Ich habe das Wochenende *genutzt,*
um eine *Radtour* zu machen.
(etw. (aus)nutzen)
Ich mache *modernen Tanz.*
Ich mache *Aerobic.*
Ich *spiele Theater.*
Ich *bastle.*
(sich einer Sache widmen)
Ich arbeite im *Garten.*
Ich *zeichne.*
(etw./jdn zeichnen)
Ich *töpfere.*
Ich *fotografiere.*
Ich *fotografiere* besonders *Pflanzen.*
Ich habe dieses Foto letzten Sommer
gemacht.
(ein Foto / eine Aufnahme machen)

Hago *excursiones.*
Doy caminatas.
He *aprovechado* el fin de semana para hacer
una excursión en bici.
(aprovechar a/c)
Practico *baile moderno.*
Practico *aerobic.*
Me dedico al teatro.
Me dedico al bricolaje.
(dedicarse a a/c)
Trabajo en *el jardín.*
Dibujo.
(dibujar a/c / a alg.)
Hago cerámica.
Hago fotos.
Sobre todo *hago fotos de plantas.*
Saqué esta foto el verano pasado.

(sacar una foto)

Ich habe einen *neuen Fotoapparat.*
(neu)
Ich mache *Videofilme.*
Ich habe eine neue *Videokamera.*
Ich *sammle Telefonkarten/Ansteck-nadeln/Briefmarken.*
(etw. sammeln)

Tengo *una cámara nueva.*
(nuevo/nueva)
Hago *vídeos.*
Tengo *una videocámara* nueva.
Colecciono tarjetas telefónicas / distintivos / sellos.
(coleccionar a/c)

6.
DAS HAUS,
DIE WOHNUNG

6.1 **DAS HAUS** (→ Die Stadt/der Ort 7.1)

Wir *wohnen* …
… *im Stadtzentrum.*
… *im Außenbezirk.*
… *am Stadtrand von* … .
… *in einer Kleinstadt.*
… *in einem Dorf.*
… *in einem kleinen Dorf.*
… *auf dem Land.*
(wohnen)
Wir wohnen …
… in einem *kleinen Haus.*
… in einem *großen Gebäude.*
… in einem *Einfamilienhaus.*
Unser *Viertel* ist *ruhig.*
Wir haben *einen* großen *Garten.*
Wir haben keine *Garage.*
Wir *leben* hier seit 5 Jahren.
(leben)
Unser Haus ist nicht *modern;* es ist
ziemlich *alt.*
Es wurde vor 80 Jahren *gebaut.*
(etw. bauen)
Das Haus ist nicht mehr
in gutem Zustand.

Vivimos …
… *en el centro.*
… *en un barrio periférico.*
… *en las afueras de* … .
… *en una ciudad pequeña.*
… *en un pueblo.*
… *en una aldea.*
… *en el campo.*
(vivir)
Vivimos…
… en *una casa pequeña.*
… en *un gran edificio.*
… en *un chalé.*
Nuestro *barrio* es *tranquilo.*
Tenemos *un* gran *jardín.*
No tenemos *garaje.*
Vivimos aquí desde hace 5 años.
(vivir)
Nuestra casa no es *moderna;* es bastante
vieja.
Se *construyó* hace 80 años.
(construir a/c)
La casa ya no está *en buenas condiciones.*

Es muss *renoviert* werden.	Hay que *renovarla.*
Die *Mauern* / das *Dach* müssen *instand gesetzt* werden.	Hay que *arreglar los muros* / *el tejado.*

6.2 DIE WOHNUNG

Wir wohnen in einem *dreistöckigen* Wohnhaus.	Vivimos en un edificio *de tres plantas.*
Wir wohnen …	Vivimos …
… *im Erdgeschoss.*	… *en la planta baja.*
… *im 1. Stock.*	… *en la primera planta.*
(erste/-r/-s)	(primer(o)/primera)
… im 2. Stock.	… en la segunda planta.
Wir haben …	Tenemos …
… eine kleine *Wohnung.*	… un *piso* pequeño.
… ein *Apartment.*	… un *apartamento.*
Unsere Wohnung hat drei *Zimmer.*	Nuestro piso tiene tres *habitaciones.*
(das Zimmer, der Raum)	(la habitación)
Unsere *Miete* ist sehr hoch.	Pagamos mucho de *alquiler.*
Wir zahlen 150 Euros für die *Nebenkosten.*	Pagamos 150 euros de *gastos adicionales.*
Die *Heizkosten* sind *inbegriffen.*	*Los gastos de calefacción* están *incluidos.*

6.3 IN DER WOHNUNG

Paco ist …	Paco está …
… in der *Küche.*	… en *la cocina.*
… im *Wohnzimmer.*	… en *el salón.*
… im *Esszimmer.*	… en *el comedor.*
… im *Schlafzimmer.*	… en *el dormitorio.*
Ich gehe ins *Bad.*	Voy al *cuarto de baño.*
Wo befindet sich die *Toilette?*	¿Dónde está *el baño?*
Ana ist *auf der Toilette.*	Ana está *en el baño.*
Die Toilette ist sehr *sauber* / *ziemlich schmutzig.*	El baño está muy *limpio* / *bastante sucio.*
Rafael ist *auf dem Balkon* / *auf der Terrasse.*	Rafael está *en el balcón* / *en la terraza.*

Was *suchst* du?
(etw./jdn suchen)
Ich *hole* eine Flasche Wein *aus dem Keller.*
(etw. holen)
Hier ist das *Zimmer* von Ana.
Dieses Zimmer ist sehr *ruhig.*
Es liegt zum Hof *hin* / *zur* Straße *hin.*
Dieses Zimmer *ist sehr laut,* das ist *schrecklich.*
(der Lärm)
Dieses Zimmer da ist das *Arbeitszimmer* meines Vaters / meines Mannes.
Es hat geklingelt. Öffnest du bitte die *Tür?*
(klingeln, schellen)
Schließt du bitte das *Fenster?*
Hier ist der *Haustürschlüssel.*
Die Tür *ist abgeschlossen.*
Der Schlüssel *steckt.*
Ich bin *auf der Treppe* gefallen.
Du kannst *mit dem Aufzug nach oben* / *nach unten fahren.*
Treten Sie bitte *ein!* /
Komm bitte herein!
Du kannst dieses Zimmer nicht *betreten.*
Wir haben die *Heizung eingeschaltet/ abgeschaltet.*
(etw. einschalten)/(etw. abschalten)

¿Qué *estás buscando?*
(buscar a/c / a alg.)
Voy a buscar una botella de vino *al sótano.*
(ir a buscar a/c)
Esta es *la habitación* de Ana.
Esta habitación es muy *tranquila.*
Da al patio / *a la* calle.
En esta habitación *se oye mucho ruido,* es *terrible.*
(el ruido)
Esa habitación es *el cuarto de trabajo* de mi padre / de mi marido.
Han llamado. ¿Abres *la puerta,* por favor?
(llamar)
¿Cierras *la ventana,* por favor?
Esta es *la llave de la casa.*
La puerta *está cerrada con llave.*
La llave está puesta.
Me he caído *por la escalera.*
Puedes *subir* / *bajar con el ascensor.*
¡Entre, por favor!
¡Entra, por favor!
No puedes *entrar* en esta habitación.

Hemos *encendido/apagado la calefacción.*

(encender/apagar a/c)

6.4 DIE EINRICHTUNG

Die Möbel

Lege deine Tasche / *Legen Sie* Ihre Tasche *auf den Tisch!*
(etw. legen/setzen/stellen)
Hier ist ein *Stuhl, nimm Platz* / *nehmen Sie Platz!*

Pon tu bolso / *Ponga* su bolso *en la mesa.*

(poner a/c)
Aquí hay *una silla, siéntate/siéntese.*

Setz dich / Setzen Sie sich auf das Sofa!
(sich hinsetzen)
Setzen Sie sich *in den Sessel!*
Lege deinen Pulli *auf das Bett!*
Du kannst deine *Sachen in diesen Schrank* legen.
Das *Wörterbuch* liegt auf dem *Schreibtisch.*
Die Kassetten liegen *im Regal.*

Siéntate/Siéntese en el sofá.
(sentarse)
Siéntese *en el sillón.*
Pon tu jersey *sobre la cama.*
Puedes meter tus *cosas en este armario.*
El diccionario está sobre el *escritorio.*
Las casetes están *en la estantería.*

Die Geräte

Wir haben einen neuen *Fernseher.*
Der *Videorekorder* ist unter dem Fernseher.
Hier ist der *Kassettenrekorder / der CD-Player /* die *Stereoanlage.*
Hier ist mein *Computer.*
Das *Telefon* ist in der Ecke.
Hier ist unser *Faxgerät.*
Ich will *ein Fax abschicken.*
(etw. abschicken)
Ich habe ein Fax *bekommen.*
(etw. bekommen, erhalten)
Ich werde Ihnen diesen Brief *durchfaxen.*

Tenemos una *tele* nueva.
El *vídeo* está debajo de la tele.
Aquí está *el casete / el compact / el equipo estéreo.*
Este es mi *ordenador.*
El teléfono está en el rincón.
Aquí está nuestro *fax.*
Voy a *mandar un fax.*
(mandar a/c)
He *recibido* un fax.
(recibir a/c)
Voy a *mandar*le esta carta *por fax.*

7.
DIE STADT

7.1 DIE STADT

Ich bin aus … .	Soy de … .
Ich wohne in … .	Vivo en … .
Heinsberg / Die Stadt Heinsberg hat 40 000 *Einwohner*.	Heinsberg / La ciudad de Heinsberg tiene 40 000 *habitantes*.
Das ist eine *Kleinstadt* / eine *Großstadt*.	Es *una ciudad pequeña* / *una ciudad grande*.
Das ist *in der Nähe von* … .	Está *cerca de* …
Das ist *in Nord-/ Süd-/Ost-/ Westdeutschland*.	Está *en Alemania del norte / del sur / del este / del oeste*.
Wir wohnen in einem modernen *Ortsteil*.	Vivimos en un *barrio* moderno.
Es gibt …	Hay …
… ein *Theater*.	… *un teatro*.
… ein *Museum*.	… *un museo*.
… ein *Kulturzentrum*.	… *un centro cultural*.
… eine *Stadthalle*.	… *un auditorio municipal*.
… ein *Jugendzentrum*.	… *un centro juvenil*.
… eine *Bibliothek*.	… *una biblioteca*.
… einen *Freizeitpark*.	… *un parque de atracciones*.
… ein *Stadion*.	… *un estadio*.
… einen *Sportplatz*.	… *un campo de deportes*.
… ein *Sportzentrum*.	… *un polideportivo*.
… einen *Tennisplatz*.	… *una pista de tenis*.
… ein *Schwimmbad*.	… *una piscina*.
… eine *Turnhalle*.	… *un gimnasio*.

Schau dir den *Stadtplan* an.	Mira *el plano de la ciudad.*
Hier ist …	Aquí está …
… das *Stadtzentrum.*	… *el centro.*
… die *Fußgängerzone.*	… *la zona peatonal.*
… die *Altstadt.*	… *el casco antiguo.*
… der *Marktplatz.*	… *la plaza (del mercado).*
… der *Stadtpark.*	… *el parque.*
… der *Bahnhof.*	… *la estación (de ferrocarril).*
… das *Rathaus*	… *el ayuntamiento.*
… die *Post / das Postamt.*	… *(la oficina de) Correos.*
… die *Bank.*	… *el banco.*
… das *Verkehrsamt.*	… *la oficina de turismo.*
… das *Krankenhaus.*	… *el hospital.*
… die *Kirche San Juan.*	… *la iglesia de San Juan.*
Es gibt mehrere *Sehenswürdigkeiten.*	Hay algunos *monumentos.*
Es gibt mehrere schöne *Gebäude.*	Hay algunos *edificios* bonitos.
Dieses *(Bau-)Denkmal* ist aus dem 17. Jahrhundert.	Este *monumento* es del siglo XVII.
Diese Kirche ist sehr *berühmt.*	Esta iglesia es muy *famosa.*
Das *Industriegebiet* liegt *im Norden / im Süden / im Osten / im Westen der Stadt.*	El *polígono industrial* está *en el norte / en el sur / en el este / en el oeste de la ciudad.*

7.2 DAS KULTURELLE LEBEN

Das *kulturelle Leben* in … ist sehr gut.	*La vida cultural* en … es muy buena.
Diese Woche gibt es mehrere *kulturelle Veranstaltungen.*	Esta semana hay varias *actividades culturales.*
Im Theater wird … gespielt.	En el teatro dan … .
Das ist ein modernes *Theaterstück.*	Es *una obra de teatro* moderna.
Die *(Theater-)Vorstellung* beginnt um 19 Uhr.	*La función* empieza a las siete de la tarde.
Im Jugendzentrum *wird ein Rock-konzert gegeben.*	En el centro juvenil hay *un concierto de rock.*
Im Kulturzentrum *wird eine Foto-ausstellung veranstaltet.*	En el centro cultural *organizan una exposición de fotos.*
(etw. veranstalten)	(organizar a/c)

7.3 DIE SPORTVERANSTALTUNGEN

An diesem Wochenende gibt es drei *Sportveranstaltungen.*

Este fin de semana hay tres *competiciones deportivas.*

Im Stadion findet ein *Fußballspiel* statt.

En el estadio hay *un partido de fútbol.*

Im Sportzentrum wird ein *Tennisturnier* veranstaltet.

En el centro polideportivo organizan *un torneo de tenis.*

In der Turnhalle ist ein Volleyballspiel.

En el gimnasio hay un partido de voleibol.

Letzten Samstag *hat … gegen … gespielt.*

El sábado pasado *… jugó contra … .*

Die Mannschaft von … *hat das Spiel 3:2 gewonnen.*

El equipo de … *ganó el partido 3 a 2.*

(das Spiel gewinnen)

(ganar el partido)

Die Mannschaft von … *hat 4:1 verloren.*

El equipo de … *perdió 4 a 1.*

(etw. verlieren)

(perder a/c)

7.4 DAS LEBEN IN DER STADT

Vorteile

Das Leben in der Stadt hat mehrere *Vorteile.*

La vida en la ciudad tiene algunas *ventajas.*

Die *Einkaufsmöglichkeiten* / Die sportlichen *Möglichkeiten* sind sehr gut.

Las posibilidades de compra / *Las posibilidades deportivas* son muy buenas.

Nachteile

Es ist sehr laut.

Hay mucho ruido.

Es ist nicht *möglich*, eine billige Wohnung zu finden.

No es *posible* encontrar una vivienda barata.

Es ist *unmöglich*, einen Parkplatz zu finden.

Es *imposible* encontrar un aparcamiento.

Die Straßen sind *voll von* Autos.

Las calles están *llenas de* coches.

(voll von)

(lleno/llena de)

Es ist nicht *leicht*, Freunde kennen zu lernen.

No es *fácil* hacer amigos.

Es ist *schwer*, mit anderen Leuten *in Kontakt zu treten.*

Es *difícil entrar en contacto* con otras personas.

8.
IN DER STADT

8.1 DEN WEG ERFRAGEN/ERKLÄREN

Nach dem Weg fragen

Entschuldigen Sie, ich suche die Post.	*Perdone*, estoy buscando Correos.
Wo *befindet sich* bitte die Post?	Por favor, ¿dónde *está* Correos?
Wie ist der Weg zur Post bitte?	Por favor, ¿*para ir a* Correos?

Nach der Entfernung fragen

Ist es noch weit bis zum Bahnhof?	¿*Está lejos* la estación?
Gibt es hier in der Nähe eine Telefonzelle?	¿*Hay* una cabina telefónica *por aquí cerca*?
Wie weit ist das zu Fuß?	¿*Cuánto tiempo se tarda* andando?

Den Weg erklären

Sie gehen *geradeaus*.	Usted va *todo recto*.
Sie gehen geradeaus bis zur ersten/zweiten *Ampel*.	Usted va todo recto hasta el primer *semáforo* / el segundo *semáforo*.
Dort biegen Sie *rechts/links ab*. (abbiegen)	*Allí* usted *gira a la derecha / a la izquierda*. (girar)
Dann ist es die *erste/zweite* Straße rechts/links.	Luego (es) *la primera / la segunda* a la derecha / a la izquierda.
Sie kommen auf einen großen *Platz* / zu einer großen *Kreuzung* / zu einer *Brücke*. (ankommen)	Usted llega a *una plaza* grande / a *un cruce* grande / a *un puente*. (llegar a)

Sie *überqueren* die Kreuzung / die Brücke.
(etw. überqueren)
Sie *gehen weiter* geradeaus.
(weitergehen)
Die Post befindet sich auf der linken Seite.

Usted *pasa por* el cruce / el puente.

(pasar por a/c)
Usted *sigue* todo recto.
(seguir (andando))
Correos está a mano izquierda.

Die Entfernung angeben

Das ist *ganz in der Nähe*.
Das ist *200 Meter entfernt*.
Das sind *zwei Minuten Fußweg*.
Das ist *weit (von hier)*.
Das ist *zwei km entfernt*.
Da müssen Sie den Bus / die Straßenbahn / die U-Bahn nehmen.

Está *muy cerca*.
Está *a 200 metros*.
Está *a dos minutos andando*.
Está *lejos (de aquí)*.
Está *a dos kilómetros*.
Tiene que ir en autobús / en tranvía / en metro.

8.2 IM VERKEHRSAMT

Haben Sie einen *Stadtplan*?
Ich hätte gern ein *Verzeichnis der Hotels und Restaurants*.
Kann ich ein *Verzeichnis der Campingplätze* bekommen?
Könnte ich ein *Veranstaltungsprogramm* von diesem Monat bekommen?
Gibt es eine *Führung mit dem Bus*?
Gibt es eine *Führung in deutscher Sprache*?
Wann öffnet das Museum?
Haben Sie ein *Ausflugsprogramm*?

¿Tienen *un plano de la ciudad*?
Quisiera *una lista de los hoteles y restaurantes*.

¿Puede darme *una lista de los campings*?

¿Podría darme *un programa de las actividades de este mes*?
¿Hay *una visita guiada en autobús*?
¿Hay *una visita guiada en alemán*?

¿A qué hora abre el museo?
¿Tienen *un programa de excursiones*?

8.3 IM HOTEL

Haben Sie noch *Zimmer frei*?
Ich suche ein *1-Bett-Zimmer* / ein *Doppelzimmer*.

¿Tienen *habitaciones libres* todavía?
Necesito *una habitación individual* / *una habitación doble*.

Ich suche ein Zimmer für eine Person / für zwei Personen.	Busco una habitación para una persona / para dos personas.
Ist das Zimmer mit *Bad* / mit *Dusche*?	¿La habitación es con *baño* / con *ducha*?
Ist das Zimmer *ruhig*?	¿La habitación es *tranquila*?
Liegt das Zimmer *zur Straße hin* / *zum Hof hin*?	¿La habitación da *a la calle* / *al patio*?
Hat das Zimmer Telefon?	¿La habitación tiene teléfono?
Wie teuer ist das Zimmer?	¿*Cuánto vale* la habitación?
Wie viel kostet das Zimmer?	¿*Cuanto cuesta* la habitación?
Ist das *Frühstück inbegriffen*?	¿El *desayuno* está *incluido*?
Bis wann gibt es Frühstück?	¿Hasta qué hora se puede desayunar?

8.4 IN DER POST

Wie viel kostet ein Brief / eine Postkarte nach Deutschland?	¿*Cuánto cuesta una carta / una postal* para Alemania?
Ich hätte gern zwei *Briefmarken* zu einem Euro.	Déme dos *sellos* de un euro, por favor.
Ich möchte ein *Paket* nach Deutschland *schicken*.	Quiero *mandar un paquete* a Alemania.
(jdm etw. schicken)	(mandar a/c a alg.)
Ich hätte gern eine *Telefonkarte*.	Déme *una tarjeta telefónica*, por favor.
Können Sie mir helfen, dieses *Formular auszufüllen*?	¿Puede usted ayudarme a *rellenar* este *formulario*?
Wo muss ich *unterschreiben*?	¿Dónde tengo que *firmar*?

8.5 IN DER BANK

Ich möchte 250 Euros *abheben*.	Quiero *sacar* 250 euros.
Hier ist mein *Personalausweis*.	Aquí está mi *carnet de identidad*.
Hier ist meine *Kreditkarte*.	Aquí está mi *tarjeta de crédito*.
Können Sie mir bitte das *Geld in 50 Euro-Scheinen* geben?	¿Me da *el dinero en billetes de 50 euros*, por favor?
Ich möchte 100 Euros in Pesos *umtauschen*.	Quiero *cambiar* 100 euros en pesos.
Können Sie mir bitte *50 Euros wechseln*?	¿Puede *cambiar*me 50 euros?
Könnten Sie mir bitte *1- und 2-Euro-Stücke* geben?	¿Puede darme *monedas de uno y dos euros*?

8.6 AUF DEM FUNDBÜRO

Auf dem Fundbüro im Bahnhof

Gibt es hier ein *Fundbüro*?

¿Hay por aquí *una oficina de objetos perdidos*?

Ich habe meinen *Fotoapparat* im Zug *liegen lassen.*

He *dejado* mi *cámara (fotográfica)* en el tren.

(etw. liegen lassen)

(dejar a/c)

Das war im Zug nach Málaga.

Era en el tren para Málaga.

Mein Name ist … .

Me llamo … .

Meine *Adresse* ist … .

Mi *dirección* (f.) es … .

Auf dem Fundbüro in der Stadt

Ich habe meine *Tasche* / meinen *Regenschirm verloren.*

He *perdido* mi *bolso* / mi *paraguas.*

(etw. verlieren)

(perder a/c)

Das ist heute Morgen passiert, an einer Bushaltestelle.

Ha pasado esta mañana, en una parada de autobuses.

(passieren)

(pasar)

8.7 AUF DEM POLIZEIREVIER

Wo ist das *nächste Polizeirevier*?

¿Dónde está *la comisaría más cercana*?

Man hat mir die Tasche *gestohlen.*

Me han *robado* el bolso.

(jdm etw. stehlen)

(robar a/c a alg.)

In der Tasche war mein *Geldbeutel* mit 50 Euros und meine ganzen *Papiere.*

En el bolso estaba mi *monedero* con 50 euros y todos mis *papeles.*

9.
EINKAUFEN,
GESCHÄFTE

9.1 EINKAUFEN

Allgemeines

Ich gehe *einkaufen.*	Voy *de compras.*
Wir *machen* unsere *Einkäufe* am Wochenende.	*Vamos de compras* los fines de semana.
(seine Einkäufe machen)	(ir de compras)
Hast du die *Einkaufsliste*?	¿Tienes *la lista de la compra*?
Ich *kaufe* ein *Baguette* / ein *Brot* / ein *Hörnchen.*	Compro *una barra* / *un pan* / *un cruasán.*
(etwas einkaufen)	(comprar a/c)
Ich hätte gern ein Baguette.	*Déme* una barra, por favor.
Ich nehme auch zwei Hörnchen.	*Déme también* dos cruasanes.

Die Preise

Wie teuer sind die Hörnchen?	¿*Cuánto valen* los cruasanes?
Wie viel kostet ein Hörnchen?	¿*Cuánto cuesta* un cruasán?
(kosten)	(costar)
Wie viel kostet dieses Brot?	¿*Cuánto cuesta* este pan?
Das Baguette, das Brot und die Hörnchen, *wie viel macht das zusammen*?	La barra, el pan, y los cruasanes, ¿*cuánto es*?
2 Euros für so ein Brot, das ist *teuer.*	2 euros por un pan de este tipo, es *caro.*
(teuer)	(caro/cara)
60 Cents für ein Baguette, das ist *billig.*	60 céntimos por una barra, es *barato.*
(billig)	(barato/barata)
Die Bananen sind wirklich billig.	Los plátanos son baratos, de verdad.

Heute sind die Bananen *teurer/ billiger* als *letzte* Woche.
(letzte/-r/-s)

Hoy los plátanos son *más caros / más baratos* que *la semana pasada*.
(pasado/pasada)

Der Preis der Bananen ist sehr *hoch /* sehr *niedrig*.
(hoch (Preis))/(niedrig)

El precio de los plátanos es muy *alto /* muy *bajo*.
(alto/alta)/(bajo/baja)

Der Preis der Bananen *ist stark gestiegen / ist um 10 % gefallen*.
(steigen (Preis))/(fallen, billiger werden)

El precio de los plátanos *ha subido mucho / ha bajado un 10 por ciento*.
(subir)/(bajar)

9.2 LEBENSMITTEL EINKAUFEN (→ Im Restaurant 10.3)

Ich kaufe …
… *ein Kilo* Äpfel.
… *ein Pfund* Tomaten.
… *ein halbes Pfund* Butter.
… 250 *g* Käse.
… *ein Liter* Milch.
… *eine Flasche* Coca-Cola.
… *eine Packung* Kaffee.
… *ein Glas* Marmelade.
… *eine Dose* Erbsen.
… 6 Eier.
… zwei *Scheiben rohen/gekochten* Schinken.

Compro …
… *un kilo de* manzanas.
… *medio kilo de* tomates.
… 250 *gramos de* mantequilla.
… 250 *gramos de* queso.
… *un litro de* leche.
… *una botella de* coca-cola.
… *un paquete de* café.
… *un tarro de* mermelada.
… *una lata de* guisantes.
… 6 huevos.
… 2 *lonchas de* jamón *serrano/cocido*.

DIE LEBENSMITTEL:
die *Milch* / die *Butter*
der *Käse* / der *Joghurt*
das *Ei* / die *Marmelade*
der *Reis* / die *Teigwaren*

LOS ALIMENTOS:
la leche / la mantequilla
el queso / el yogur
el huevo / la mermelada
el arroz / la pasta

DIE GETRÄNKE:
(Coca-)Cola / *Orangensaft*
Zitronenlimonade/Orangenlimonade
Mineralwasser/Sherry
Rotwein/Weißwein/Bier
Kaffee/Tee
Milch/Kakao

LAS BEBIDAS:
la (coca-)cola / el zumo de naranja
la limonada / la naranjada
el agua mineral / el jerez
el vino tinto/blanco / la cerveza
el café / el té
la leche / el chocolate

DAS FLEISCH:	LA CARNE:
das *Steak* / das *Kotelett*	el *bistec* / la *chuleta*
der *Braten* / der *Schinken*	el *asado* / el *jamón*
das *Rindfleisch* / das *Schweinefleisch*	la *carne de vaca* / la *carne de cerdo*
das *Kalbfleisch* / das *Lamm(fleisch)*	la *carne de ternera* / la *carne de cordero*

DAS GEFLÜGEL:	LA VOLATERÍA:
das *Hähnchen*	el *pollo*
die *Pute*	el *pavo*

DER FISCH:	EL PESCADO:
die *Forelle* / der *Lachs*	la *trucha* / el *salmón*
der *Thunfisch* / die *Sardellen*	el *atún* / las *anchoas* (los boquerones)

DIE MEERESFRÜCHTE:	LOS MARISCOS:
die *Krabben* / die *Miesmuscheln*	las *gambas* / los *mejillones*
der *Hummer*	la *langosta*

DAS OBST:	LA FRUTA:
die *Banane* / die *Orange*	el *plátano* / la *naranja*
der *Apfel* / die *Birne*	la *manzana* / la *pera*
der *Pfirsich* / die *Trauben*	el *melocotón* / las *uvas*
die *Erdbeere* / die *Himbeere*	la *fresa* / la *frambuesa*
die *Kirschen* / die *Melone*	las *cerezas* / el *melón*
die *Wassermelone*	la *sandía*

DAS GEMÜSE:	LAS VERDURAS:
Salat	la *ensalada*
Tomaten	los *tomates*
Karotten, Möhren	las *zanahorias*
grüne Bohnen	las *judías verdes*
Erbsen	los *guisantes*
Kartoffeln	las *patatas*
Blumenkohl/Rosenkohl	la *coliflor* / la *col de Bruselas*

9.3 DIE GESCHÄFTE

Ich gehe …
… zum *Lebensmittelgeschäft.*
… zur *Bäckerei.*
… zur *Metzgerei.*
… zur *Buchhandlung.*
… zur *Apotheke.*
… zum *Supermarkt.*
… zum *Markt.*
… zum *Kiosk.*
… in ein *Kaufhaus.*
… in ein *Sportgeschäft.*
… in ein *Bekleidungsgeschäft.*
… in ein *Schuhgeschäft.*
… in ein *Musikgeschäft.*
… in ein *Computergeschäft.*
… in eine *(Mode-)Boutique.*
… in ein *Fotogeschäft.*
… zum *Obst- und Gemüsehändler.*

Voy …
… a *la tienda de comestibles.*
… a *la panadería.*
… a *la carnicería.*
… a *la librería.*
… a *la farmacia.*
… al *supermercado.*
… al *mercado.*
… al *quiosco.*
… a *los grandes almacenes.*
… a *una tienda de deportes.*
… a *una tienda de vestir.*
… a *una zapatería.*
… a *una tienda de música.*
… a *una tienda de informática.*
… a *una tienda de moda.*
… a *una tienda de fotos.*
… a *la frutería.*

9.4 KLEIDUNG/SCHUHE KAUFEN (→ Die Farben 25.6)

Ich mag dieses *Kleidungsstück* nicht.
Ich *gebe* viel Geld für meine *Kleidung aus.*
(etw. für jdn/etw. ausgeben)

No me gusta esta *prenda.*
Gasto mucho dinero en ropa.
(gastar a/c en alg./a/c)

Einen Kaufwunsch äußern
Ich hätte gern …
… ein *T-Shirt* / ein *Sweatshirt.*
… einen *Pullover* / *Jeans.*
… eine *Hose* / ein *Hemd.*
… eine *Jacke* / einen *Mantel.*
… einen *Rock* / ein *Kleid.*
… eine *Bluse.*
Welche Größe haben Sie?
Ich habe Größe 36/38 in Deutschland.
Ich suche einen *weißen* Pulli.

Quiero …
… *una camiseta* / *una sudadera.*
… *un jersey* / *vaqueros.*
… *un pantalón* / *una camisa*
… *una chaqueta (una americana)* / *un abrigo.*
… *una falda* / *un vestido.*
… *una blusa.*
¿*Qué talla* tiene usted?
En Alemania *tengo la 36/38.*
Estoy buscando un jersey *blanco.*

Haben Sie auch Pullis in einer anderen *Farbe*?	¿Tienen también jerseys en otro *color*?
Ich hätte gern …	Quiero …
… *Schuhe*.	… *zapatos*.
… *Turnschuhe*.	… *zapatillas de deporte*.
… *Sandalen*.	… *sandalias*.
Ich *habe Schuhgröße* 40.	*Calzo un 40.*
	(calzar un …)

Gefallen ausdrücken

Er *ist nicht schlecht*.	*No está mal.*
Er ist sehr *hübsch*.	Es muy *bonito*.
	(bonito/bonita)
Er *gefällt mir sehr*.	*Me gusta mucho.*
(jdm gefallen)	(gustar a alg.)
Er *steht mir sehr gut*.	*Me queda muy bien.*
Er *passt sehr gut zu* meinen Jeans.	*Pega muy bien con* mis vaqueros.
(zu etw. passen)	(pegar con a/c)
Er ist von guter *Qualität*.	Es de buena *calidad*.
Kann ich ihn *anprobieren*?	¿Puedo *probarlo*?
(etw. anprobieren)	(probar a/c)
Wo sind die *Kabinen*?	¿Dónde están *los probadores*?
Ich *nehme* ihn.	*Me quedo con* él. Me lo *quedo*.
(etw. nehmen)	(quedarse con a/c)

Nichtgefallen ausdrücken

Er *gefällt mir nicht besonders*.	*No me gusta mucho.*
Der Pulli *steht mir nicht*.	El jersey *no me queda bien*.
Er ist zu *klein* / zu *lang* / zu *weit* / zu *eng*.	Es demasiado *pequeño/largo/ancho/ estrecho*.
(klein)/(lang)	(pequeño/pequeña)/(largo/larga)
(weit)/(eng)	(ancho/ancha)/(estrecho/estrecha)
Jeder Pulli kostet 50 Euros.	*Cada* jersey cuesta 50 euros.
(jeder/-e/-s)	(cada)
Das ist etwas teuer.	Es un poco caro.
Können Sie mir einen *anderen* Pulli *zeigen*?	¿Puede *enseñar*me otro jersey?
(anderer/-e/-s)	(otro/otra)
Haben Sie nicht *etwas anderes*?	¿No tienen *otra cosa*?

Den Artikel bezahlen

Wie teuer sind die Turnschuhe?	¿Cuánto valen las zapatillas (de deporte)?
Wie viel kosten die Turnschuhe?	¿Cuánto cuestan las zapatillas (de deporte)?
Bezahle ich *an der Kasse*?	*¿Pago en la caja?*
(etw. bezahlen)	(pagar a/c)
Kann ich *mit einem Scheck bezahlen*?	¿Puedo pagar *con cheque*?
Nehmen Sie *Kreditkarten an*?	*¿Aceptan las tarjetas de crédito?*
(etw. annehmen)	(aceptar a/c)

Kleidung/Schuhe tragen

Willst du deinen Pulli / deine Sportschuhe nicht *anziehen*?	¿No quieres *ponerte* el jersey / las zapatillas?
(etw. anziehen)	(ponerse a/c)
Willst du deinen Pulli / deine Sportschuhe nicht *ausziehen*?	¿No quieres *quitarte* el jersey / las zapatillas?
(etw. ausziehen)	
Ich mag diesen Pulli / diese Schuhe nicht *tragen*.	No me gusta *llevar* este jersey / estos zapatos.
(etw. tragen)	(llevar a/c)

9.5 IM FOTOGESCHÄFT

Ich hätte gern einen *Film* für 24 Aufnahmen.	Déme una *película* de 24 fotos.
Haben Sie eine *Batterie* für diesen *Apparat*?	¿Tienen una *pila* para esta *cámara*?
Könnten Sie mir diesen Film *entwickeln*?	¿Puede *revelar*me esta película?
Wann kann ich die Fotos *abholen*?	¿Cuándo puedo *recoger* las fotos?
(etw. abholen)	(recoger a/c)

10.
ESSEN UND TRINKEN

10.1 ESSEN, TRINKEN (→ Lebensmittel einkaufen 9.2)

Etwas zu trinken anbieten

Willst du / Wollen Sie *etwas trinken?*	¿Quieres / Quiere usted *beber algo?*
Was trinkst du / trinken Sie?	¿Qué bebes? / ¿Qué bebe usted?
Was nimmst du / nehmen Sie?	¿Qué tomas? / ¿Qué toma usted?
Willst du / Wollen Sie Orangensaft?	¿Quieres / Quiere usted zumo de naranja?
– *Ja, gerne.*	– *¡Con mucho gusto!*
– *Ja, aber* nicht viel.	– *Sí, pero* no mucho.
Danke, *das reicht.*	*Está bien así*, gracias.
– Nein, danke, *ich habe keinen Durst.*	– No, gracias, *no tengo sed.*
Du kannst auch *etwas anderes* haben.	Puedes tomar *otra cosa* también.
Nimmst du / Nehmen Sie Tee?	¿Tomas / Toma usted té?
– Nein, ich mag keinen Tee.	– No, no me gusta el té.
Ich *mag lieber* Kaffee.	*Prefiero* café.
(etw. lieber mögen)	(preferir a/c)
Ich nehme *dasselbe.*	Tomo *lo mismo.*
Nimmst du / Nehmen Sie *Zucker* in den Kaffee?	¿Tomas / Toma usted *azúcar* con el café?

Etwas zu trinken verlangen

Ich möchte (*noch*) etwas Cola.	Quiero un poco (*más*) de cola.
Kann ich etwas trinken?	¿Puedo beber algo?
Ich habe (großen) Durst.	Tengo (mucha) sed.
Haben Sie Mineralwasser?	¿Tienen agua mineral?
Ist noch Mineralwasser da?	¿Hay más agua mineral?

Kann ich (noch) Mineralwasser haben?	¿Puedo tomar (más) agua mineral?

Beim Essen in der Familie

Das Mittagessen ist *fertig*.	La comida está *lista*.
(fertig, bereit)	(listo/lista)
Hast du *Hunger*? / Haben Sie *Hunger*?	¿Tienes *hambre*? / ¿Tiene usted *hambre*?
Willst du / Wollen Sie etwas essen?	¿Quieres / Quiere usted comer algo?
– Nein, danke, *ich habe keinen Hunger.*	– No, gracias, *no tengo hambre.*
Willst du / Wollen Sie *ein Sandwich mit Schinken / mit Käse*?	¿Quieres / Quiere usted *un bocadillo de jamón / con queso*?
Guten Appetit!	*¡Que aproveche!*
Nun, *bediene dich / bedienen Sie sich!*	Pues, *sírvete/sírvase.*
(sich bedienen)	(servirse)
Magst du / Mögen Sie *Salat*?	¿Te gusta / Le gusta *la ensalada*?
– Ja, sehr.	– Sí, mucho.
– Nein, nicht besonders.	– No, no mucho.
Schmeckt der Salat *gut*?	*¿Está buena*, la ensalada?
– Ja, er schmeckt sehr gut.	– Sí, está muy buena.
Nimmst du / Nehmen Sie kein Gemüse?	¿No tomas / No toma verdura?
– *Doch, doch,* aber nicht viel.	– *Sí, sí,* pero no mucha.
Danke, *das reicht.*	*Está bien así*, gracias.
Es gibt noch *Nachtisch*.	Hay *postre* también.
– Nein, danke, *ich habe keinen Hunger mehr.*	– No, gracias, *ya no tengo hambre.*
Reichst du mir bitte die *Pommes frites*?	¿Me *pasas las patatas (fritas)*, por favor?
(jdm etw. reichen)	(pasar a/c a alg.)
Könnten Sie mir bitte das *Salz* reichen?	¿Me puede pasar *la sal*, por favor?

10.2 DIE MAHLZEITEN

Wann *frühstückt* ihr?	¿A qué hora *desayunáis*?
Was isst du *zum Frühstück*?	¿Qué comes *para desayunar*?
Zum Frühstück esse ich *eine Scheibe Brot / ein Brötchen* …	En el desayuno como *una rebanada de pan / un panecillo* …
… mit *Marmelade*.	… con *mermelada*.
… mit *Wurst*.	… con *salchichón*.
… mit *Schinken*.	… con *jamón*.

… mit *Käse*.	… con *queso*.
Ich esse ein *Ei*.	Como *un huevo*.
Ich esse …	Como …
… *Cornflakes*.	… *copos de maíz tostados*.
… *Getreideflocken*.	… *copos de cereales*.
… *Müsli*.	… *musli*.
… *Quark*.	… *requesón*.
… *Joghurt*.	… *yogur*.
Ich trinke eine *Tasse* Tee / ein *Glas* Milch.	Bebo *una taza de* té / *un vaso de* leche.
Zum Mittagessen / Zum Abendessen esse ich …	De comida / De cena como …
… *eine Pizza*.	… *una pizza*.
… *Teigwaren*.	… *pasta*.
… *Pasta asciutta*.	… *espaguetis a la boloñesa*.
… *einen Hamburger*.	… *una hamburguesa*.
… *einen Hot dog mit Ketchup*.	… *un perro caliente con ketchup*.
… *eine Suppe*.	… *una sopa*.

10.3 IM RESTAURANT

Gibt es ein gutes *Restaurant* / eine *Imbissstube* / ein *Selbstbedienungsrestaurant* hier in der Nähe?	¿Hay *un* buen *restaurante* / *una bocadería* / *un autoservicio* por aquí cerca?
Ich gehe ins Restaurant essen.	Voy a comer al restaurante.

Einen freien Tisch suchen

Ich suche einen Tisch für 3 Personen.	Estoy buscando una mesa para tres personas.

Zu essen bestellen

Bringen Sie mir bitte die *Speisekarte*?	¿Me *trae la carta*, por favor?
(jdm etw. bringen)	(traer a/c a alg.)
Können Sie mir die *Weinkarte* bringen?	¿Me puede traer *la carta de vinos*?
Können Sie mir einen Wein *empfehlen*?	¿Me puede *recomendar* un vino?
Ich habe *gewählt*.	*He escogido*.
(etw. wählen)	(escoger a/c)
Ich *esse à la carte*.	*Como a la carta*.
Ich nehme das *Menu* zu … Euros.	Para mí, *el menú* de … euros.
Ich nehme das *Tagesgericht*.	Para mí, *el menú del día*.

Als Vorspeise (nehme ich) … .

De primero, … .

Als Hauptspeise (nehme ich) ein Steak.

De segundo, un bistec.

Ich möchte das Steak *englisch / medium / gut durchgebraten.*

Quiero el bistec *muy poco hecho / poco hecho / bien hecho.*

Als Gemüse (nehme ich) … .

De verdura, … .

Als Getränk (nehme ich) … .

Para beber, … .

Kann ich den Nachtisch *bestellen?*

¿Puedo *pedir* el postre?

(etw. bestellen)

(pedir a/c)

Als Nachtisch (nehme ich) ein Stück *Obsttorte.*

De postre, *una tarta.*

Etwas beanstanden

Ich brauche noch …

Falta …

… einen *Teller.*

… *un plato.*

… ein *Messer.*

… *un cuchillo.*

… eine *Gabel.*

… *un tenedor.*

… einen *Löffel.*

… *una cuchara.*

… einen Teelöffel.

… *una cucharilla.*

… *Salz.*

… *sal.*

… *Pfeffer.*

… *pimienta.*

Ich habe das nicht bestellt. /

Yo no he pedido eso.

Das ist nicht das, was ich bestellt habe.

Eso no es lo que he pedido yo.

Ich habe … bestellt.

He pedido … .

Um etwas bitten

Könnten Sie uns bitte *etwas Brot* bringen?

¿Me puede traer *un poco de pan?*

Können Sie uns bitte die *Rechnung* bringen?

¿Nos trae *la cuenta,* por favor?

Auf einen Irrtum hinweisen

Es ist ein *Fehler* in meiner Rechnung.

Hay *un error* en la cuenta.

Sie haben drei Orangensaft *aufgeschrieben,* aber ich habe nur zwei (Orangensaft) gehabt.

Ha *puesto* tres zumos de naranja, pero he tomado sólo dos.

11.
KRANKHEIT

11.1 DIE KRANKHEIT, DAS UNWOHLSEIN

Allgemeines

Ich bin *krank*.	Estoy *enfermo/enferma*.
Krebs ist eine sehr *schlimme Krankheit*.	El cáncer es *una enfermedad* muy *mala*.
Carmen kann nicht kommen, sie ist *krank geworden*.	Carmen no puede venir, ha *caído enferma*.
(krank werden)	(caer enfermo/enferma)
Meine Eltern sind *bei guter Gesundheit*.	Mis padres tienen *buena salud*.

Das Unwohlsein

Mir geht es nicht gut.	*No estoy bien.*
Ich *fühle mich* nicht wohl.	No *me siento* bien.
(sich fühlen)	(sentirse)
Ich bin *müde/matt*.	Estoy *cansado*.
Ich kann nicht *schlafen*.	No puedo *dormir*.
Ich habe keinen Appetit.	*No tengo apetito.*
Ich habe *mich erkältet*.	He *cogido un resfriado*.
(sich erkälten)	(coger un resfriado)
Ich bin *erkältet*.	Estoy *resfriado/resfriada*.
Ich habe *Grippe*.	Tengo *la gripe*.
Ich habe *trotz* meiner Grippe gearbeitet.	He trabajado *a pesar de* la gripe.
Ich habe Fieber.	*Tengo fiebre.*
Wie viel Fieber hast du?	¿Cuánta fiebre tienes?

Ich habe *Fieber gemessen.*	Me he *tomado la fiebre.*
(Fieber messen)	(tomarse la fiebre)
Ich habe 38.5.	Tengo 38 grados y medio.
Ich *habe Halsweh.*	*Me duele la garganta.*
Du musst heute *im Bett bleiben.*	Tienes que *quedarte en la cama* hoy.
Ich bin *wegen* meines Fiebers zu Hause geblieben.	Me he quedado en casa *por* la fiebre.
Ich bin zu *schwach*, um aufzustehen.	Estoy demasiado *débil* para levantarme.
Ich *hoffe*, dass *es dir* morgen *besser geht.*	*Espero que estés mejor* mañana.
(etw. hoffen)	(esperar que + subjuntivo)

Über ein Medikament sprechen

Haben Sie ein *Medikament gegen* Grippe/Fieber/*Kopfschmerzen?*	¿Tiene(n) *un medicamento contra* la gripe / la fiebre / *el dolor de cabeza?*
Wie muss man *diese Tabletten* einnehmen?	¿Cómo se toman *estas pastillas?*

Jemanden zum Arzt schicken

Du *musst* / Sie *müssen* … gehen.	*Tienes que* / *Tiene que* ir …
… zum *Arzt.*	… al *médico.*
… zum *Zahnarzt.*	… al *dentista.*
(etw. tun müssen)	(tener que hacer a/c)
Du musst / Sie müssen *zum Arzt gehen.*	Tienes que / Tiene que *ir al médico.*
Vorher musst du dir / müssen Sie *sich einen Termin geben lassen.*	Antes tienes que / tiene que *pedir hora.*

11.2 BEIM ARZT

Über Schmerzen klagen

Wo haben Sie *Schmerzen?*	*¿Dónde le duele?*
Ich habe (starke) *Kopfschmerzen.*	*Me duele* (mucho) *la cabeza.*
Mir ist übel.	*Me siento mal.*
Ich habe *Halsschmerzen.*	*Me duele la garganta.*
Ich habe *Bauchschmerzen.*	*Me duele el vientre.*
Ich habe *Magenschmerzen.*	*Me duele el estómago.*
Ich habe *Zahnschmerzen.*	*Me duelen las muelas.*
Ich habe *Ohrenschmerzen.*	*Me duelen los oídos.*
Wo *tut* es *weh?*	*¿Dónde le duele?*
Hier tut es sehr weh.	Aquí me duele mucho.

Über eine Verletzung sprechen

Ich bin *gefallen*.
(fallen)

He *caído*.
(caer)

Ich *habe mich ... verletzt*.

Me he herido ...

... *am Kopf* ...

... *en la cabeza.*

... *im Gesicht* ...

... *en la cara.*

... *an* der *Hand* ...

... *en la mano.*

... *am Arm* ...

... *en el brazo.*

... *am Bein* ...

... *en la pierna.*

... *am Fuß* ...

... *en el pie.*

(sich verletzen)

(herirse)

Ich habe mir den Arm *gebrochen*.

Me he roto el brazo.

(sich etw. brechen)

(romperse a/c)

Ich glaube, mein Bein ist *gebrochen*.

Creo que se me he *roto* la pierna.

Ich kann nicht mehr *gehen*.

Ya no puedo *andar*.

Die Äußerung des Arztes

Ich werde Sie *untersuchen*.

Le voy a *examinar*.

Wir müssen *röntgen*.

Tenemos que *hacer una radiografía*.

Sie haben *Glück* gehabt.

Ha tenido *suerte*.

Das Bein ist nicht gebrochen.

La pierna no está rota.

Das ist nicht *schlimm*.

No es nada *grave*.

Ich werde Ihnen ein *Mittel* gegen
die *Schmerzen verschreiben*.

Le voy a *recetar un medicamento* contra
el dolor.

Sie nehmen *dreimal täglich* eine
Tablette, vor den Mahlzeiten.

Usted toma una pastilla *tres veces al día*, antes
de comer.

Kommen Sie wieder, wenn es Ihnen
nicht besser geht.

Vuelva usted si no está mejor.

12.
DER VERKEHR,
DIE VERKEHRS-
MITTEL

12.1 DER VERKEHR, DIE VERKEHRSMITTEL

Der Verkehr: Allgemeines

Heute ist viel *Verkehr*.

Hoy hay mucho *tráfico*.

Ich habe Carmen *auf der Straße* getroffen.

He encontrado a Carmen *en la calle*.

(die Straße (in der Stadt))

(la calle)

Auf der Straße nach Sevilla hatten wir eine Panne.

En la carretera de Sevilla tuvimos una avería.

(die Straße (zwischen Orten), Landstraße)

(la carretera)

Wir haben die *Autobahn* benutzt.

Fuimos por *la autopista*.

Auf der Autobahn nach Madrid gab es einen 5 km langen *Stau*.

En la autopista de Madrid había *un atasco* de 5 kilómetros.

An der *Zahlstelle* mussten wir 20 Euros bezahlen.

En *el peaje* tuvimos que pagar 20 euros.

Auf den Autobahnen ist die *Geschwindigkeit auf 130 km/h beschränkt*.

En la autopista *la velocidad* está *limitada a 130 kilómetros por hora*.

(etw. beschränken)

(limitar a/c)

Wir haben *zwei Stunden für die Fahrt/Strecke gebraucht*.

Tardamos dos horas en el trayecto.

(2 Stunden brauchen)

(tardar 2 horas)

Die Verkehrsmittel

Ich fahre … zur Arbeit.

Voy al trabajo …

… *mit dem Auto* …

… *en coche.*

… *mit dem Bus* …

… *en autobús.*

… *mit der U-Bahn* …	… *en metro.*
… *mit der Straßenbahn* …	… *en tranvía.*
… *mit dem Zug* …	… *en tren.*
… *mit dem Taxi* …	… *en taxi.*
… *mit dem Motorrad* …	… *en moto.*
… *mit dem Fahrrad* …	… *en bici.*
Ich gehe *zu Fuß* zur Arbeit.	Voy al trabajo *andando.*
Ich bin in den Bus / ins Taxi / ins Auto *eingestiegen.*	He *subido* al autobús / al taxi / al coche.
(einsteigen in)	(subir a)
Ich bin aus dem Bus / aus dem Taxi / aus dem Auto *ausgestiegen.*	He *bajado* del autobús / del taxi / del coche.
(aussteigen aus)	(bajar de)
Ich bin zur *Bushaltestelle* gegangen.	He ido a la *parada de autobuses.*
Ich habe 30 Minuten *auf den Bus* gewartet.	He *esperado* media hora *al autobús.*
(auf etw./jdn warten)	(esperar a a/c / a alg.)
(Im Bus:) Ich steige an der *nächsten* Haltestelle aus.	Bajo en la *próxima* parada.
Gibt es hier in der Nähe eine *U-Bahn-Station?*	¿Hay *una estación de metro* por aquí cerca?
(In der U-Bahn:) Ich steige an der nächsten Station aus.	Bajo en la próxima estación.
Haben Sie *eine Fahrkarte gelöst?*	¿Ha *comprado un billete?*
(eine Fahrkarte lösen)	(comprar un billete)
Sie müssen Ihre Fahrkarte *entwerten.*	Tiene que *cancelar* su billete.

12.2 MIT DEM BUS FAHREN

Auf der Straße / An der Bushaltestelle

Entschuldigen Sie, ich suche die Haltestelle der Linie 20.	Por favor, ¿dónde está la parada de la línea 20?
Entschuldigen Sie, zum Bahnhof, welche *(Bus-)Linie* ist das?	Por favor, ¿para la estación de ferrocarril, qué *línea* tomo?
Entschuldigen Sie, ich möchte zum Bahnhof fahren. Welchen Bus muss ich nehmen?	Por favor, quiero ir a la estación de ferrocarril. ¿Qué autobús debo tomar?
Entschuldigen Sie, fährt die Linie 20 zum Bahnhof?	Por favor, ¿la línea 20 va a la estación de ferrocarril?

Entschuldigen Sie, wo ist der Busbahnhof?	Por favor, ¿dónde está la estación de autobuses?
Entschuldigen Sie, wann *fährt* der nächste Bus zum Bahnhof?	Por favor, ¿cuándo *sale* el próximo autobús para la estación de ferrocarril?
Ist das *ohne Umsteigen*?	¿Es *directo*?
Muss ich *umsteigen*?	¿Tengo que *cambiar* de autobús?
Bekommt man die Fahrkarten im Bus?	¿Se compran los billetes en el autobús?

Im Bus: Gespräch mit dem Fahrer

Ich möchte zum Bahnhof fahren.	Quiero ir a la estación de ferrocarril.
Wie viel macht das?	¿Cuánto es?
Wie viele Haltestellen sind es bis zum Bahnhof?	¿Cuántas paradas hay hasta la estación de ferrocarril?
Könnten Sie mir sagen, wo ich aussteigen muss?	¿Me puede decir dónde tengo que bajar?

12.3 JEMANDEM DIE BUSLINIE ERKLÄREN

Um zur Post zu fahren, nehmen Sie die Linie 55.	Para ir a Correos, tome usted el 55.
Die Haltestelle der Linie 55 ist gegen-über dem Hotel „Europa".	La parada del 55 está en frente del hotel «Europa».
Das ist 200 Meter von hier.	Está a 200 metros de aquí.
Der nächste Bus fährt in 10 Minuten.	El próximo autobús sale dentro de 10 minutos.
Der Bus fährt *alle 20 Minuten*.	El autobús sale *cada 20 minutos*.
Sie können den Bus um 16.20 Uhr nehmen.	Usted puede tomar el autobús a las 16.20.
Der Bus braucht 7 Minuten bis in die Stadt, das ist *schnell*.	El autobús tarda 7 minutos hasta el centro, es *rápido*.
Sie lösen den Fahrschein im Bus.	Usted compra el billete en el autobús.
Sie steigen „Hauptstraße" aus.	Usted baja en «Hauptstraße».

12.4 MIT DER U-BAHN FAHREN

In der U-Bahn-Station

Entschuldigen Sie, gibt es hier einen *Fahrkartenautomaten*?	Por favor, hay *un vendedor/expendedor automático de billetes*?

Es gibt einen Automaten *am Eingang /
am Ausgang* der Station.

Entschuldigen Sie, zum Rathaus,
welche Richtung ist das?

Hay un vendedor automático *a la entrada* / a
la salida de la estación.

Por favor, para el ayuntamiento, *¿qué dirección*
es?

12.5 MIT DEM AUTO FAHREN

Meine Schwester fährt mit dem *Auto*
zur Arbeit.

Mi hermana va al trabajo en *coche.*

Sie fährt *mit dem Auto* zur Arbeit.

Va al trabajo *en coche.*

Sie *fährt sehr langsam / sehr schnell.*

Va muy despacio / muy rápido.

(fahren)

(ir)

Sie *fährt* sehr gut.

Conduce muy bien.

(fahren (Auto fahren))

(conducir)

Sie hat ein japanisches Auto.

Tiene un coche japonés.

Das Auto ist *in der Garage.*

El coche está *en el garaje.*

Du fährst zu schnell. Hier darf man
nur *60 km/h fahren.*

Vas demasiado rápido. Aquí no se debe *ir a* más
de *60 km/h.*

Wir sind nach Málaga *gefahren.*

Fuimos a Málaga.

(fahren + Ortsangabe)

(ir a)

Ich bin mit der Familie *gefahren.*

Salí con la familia.

(los-, weg-, abfahren)

(salir)

Wir sind *über* Granada *gefahren.*

Fuimos por/vía Granada.

(fahren über (einen Ort))

(ir por/vía)

Wir sind über die Autobahn *in
Richtung* Málaga gefahren.

Fuimos por la autopista *en dirección a* Málaga.

Wir sind über die *Nationalstraße /
die N 340* gefahren.

Fuimos por *la carretera nacional /
la nacional 340.*

Wir haben viele Autos *überholt.*

Adelantamos a muchos coches.

(etw./jdn überholen)

(adelantar a a/c / a alg.)

Wir haben einen *Lastwagen* überholt.

Adelantamos a *un camión.*

Plötzlich hat uns die *Polizei angehalten.*

De repente, nos *paró la policía.*

(jdn anhalten)

(parar a alg.)

Wir *haben* vor einem Restaurant
angehalten.

Nos paramos delante de un restaurante.

(anhalten, stehen bleiben)

(pararse)

Wir haben *unseren Wagen* vor der Post
geparkt.

Hemos *aparcado el coche* delante de Correos.

(seinen Wagen parken)

(aparcar el coche)

Wir sind *auf einen Parkplatz gefahren.*	Fuimos a un aparcamiento.
Es ist verboten, auf dieser Seite zu *parken.*	Está prohibido *aparcar* a este lado.
Schließlich haben wir eine offene *Tankstelle* gefunden.	Por fin, encontramos *una gasolinera* abierta.
Wir haben *getankt.*	Echamos gasolina.
(tanken)	(echar gasolina)
Dann sind wir *weitergefahren.*	Luego, *seguimos.*
(weiterfahren)	(seguir)

12.6 IM AUTO MITGENOMMEN WERDEN

Kannst du / Können Sie *mich mit dem Wagen abholen?*	¿*Me* puedes / *Me* puede *ir a buscar con el coche?*
(jdn abholen)	(ir a buscar a alg.)
Kannst du / Können Sie *mich zum Bahnhof fahren/bringen?*	¿*Me* puedes / *Me* puede *llevar a la estación de ferrocarril?*
(jdn irgendwo hinfahren)	(llevar a alg.)
Kannst du / Können Sie *mich in die Stadt mitnehmen?*	¿*Me* puedes / *Me* puede *llevar al centro?*
(jdn mitnehmen)	(llevar a alg.)
Kannst du / Können Sie *mich nach Hause zurückbringen?*	¿*Me* puedes / *Me* puede *llevar a casa?*
(jdn zurückbringen)	(llevar a alg. (a casa))

12.7 DIE AUTOPANNE, DER VERKEHRSUNFALL

Die Autopanne

Unser Auto *ist kaputt.*	Nuestro coche *está roto.*
(defekt/ kaputt sein)	(estar roto/rota)
Der *Motor* ist defekt/kaputt.	El motor está roto.
Wir sind *(mit dem Auto) liegen geblieben.*	Nos quedamos tirados.
(eine Panne haben)	(quedarse tirado)
Wir müssen den *Abschleppdienst* anrufen.	Tenemos que llamar a *la grúa.*
Können Sie uns *jemanden* schicken um uns *weiterzuhelfen?*	¿Puede mandar a *alguien* para *ayudarnos?*

Können Sie uns einen *Abschleppwagen* schicken?	¿Nos puede mandar *una grúa?*
Können Sie uns zur nächsten *Werkstatt abschleppen?*	¿Nos puede *remolcar al taller* más cercano?
Können Sie uns einen *Mechaniker* schicken?	¿Nos puede mandar a *un mecánico?*
Können Sie den Motor *reparieren?*	¿Puede *reparar* el motor?
Wie teuer ist die *Reparatur?*	¿Cuánto cuesta *la reparación?*

Der Verkehrsunfall

Leider hatten wir einen *Unfall.*	*Por desgracia,* tuvimos *un accidente.*
Wir sind mit einem anderen Wagen / mit einem Lastwagen *zusammengestoßen.*	*Chocamos con* otro coche / con un camión.
(zusammenstoßen mit)	(chocar con)
Der *Fahrer* des anderen Wagens / Der *Fahrer* des Lastwagens *hat nicht aufgepasst.*	*El conductor* del otro coche / *El conducto*r del camión *no tuvo cuidado.*
(aufpassen)	(tener cuidado)
Wir mussten sehr stark *bremsen.*	Tuvimos que *frenar* en seco.
Es gab zwei *Verletzte.*	Había dos *heridos.*
Zum Glück gab es keine *Toten.*	*Por suerte,* no había *muertos.*
Wir haben *sofort* die Polizei / einen *Krankenwagen* gerufen.	Llamamos *enseguida* a la policía / a la ambulancia.
(jdn rufen, anrufen)	(llamar a alg.)
Der Krankenwagen hat die Verletzten ins Krankenhaus *gebracht.*	La ambulancia *llevó* a los heridos al hospital.
(jdn bringen)	(llevar a alg.)

12.8 MIT DER BAHN FAHREN

Sich nach einer Zugverbindung erkundigen

Ich möchte nach Salamanca *fahren.*	Quiero *ir* a Salamanca.
Ich möchte zwischen 9 und 11 Uhr *fahren.*	Quiero *salir* entre las 9 y las 11.
(wegfahren, abfahren)	(salir)
– Die *Abfahrt* ist um 9.10 Uhr.	– *El tren sale* a las 9 horas y 10 minutos.
Muss ich *umsteigen?*	¿Tengo que *cambiar de tren?*
Wann habe ich *Anschluss?*	¿A qué hora tengo *un enlace?*

Wann *kommt* der Zug in Salamanca *an*?
(ankommen)
– Die *Ankunft* ist um 18.05 Uhr.
Welcher *Bahnsteig* ist das?
Auf welchem Bahnsteig fährt der Zug ab?
Könnten Sie mir sagen, wann *der nächste Zug nach Burgos* fährt?
Hat der Zug nach Burgos *Verspätung*?
(Verspätung haben)
Wie viel Verspätung hat der Zug?
Der Zug nach Burgos *hat 20 Minuten Verspätung.*
Wo befindet sich der *Fahrplan*?

¿A qué hora *llega* el tren a Salamanca?
(llegar a)
–Llega a las 18 h 05.
¿Qué *andén* es?
¿De qué andén sale el tren?
¿Me puede decir a qué hora sale *el próximo tren para Burgos?*
¿Tiene *retraso* el tren para Burgos?
(tener retraso)
¿Cuánto retraso tiene el tren?
El tren para Burgos *tiene 20 minutos de retraso.*
¿Dónde está *el horario*?

Eine Fahrkarte lösen

Sie müssen zum *Schalter* gehen.
Eine einfache Fahrt / eine Rückfahrkarte nach Burgos, 2. Klasse.
Wie teuer ist die *Fahrkarte*?
Ist der Zug mit *Zuschlag* / ohne Zuschlag?
Wie viel kostet der Zuschlag?
Ich möchte zwei Plätze *reservieren*.
Sie müssen die Fahrkarte *entwerten*.

Usted tiene que ir a *la taquilla.*
Un billete para Burgos, *sólo ida / ida y vuelta, en segunda.*
¿Cuánto vale *el billete*?
¿El billete es con *suplemento* / sin suplemento?
¿Cuánto cuesta el suplemento?
Quiero *reservar* dos asientos.
Usted tiene que *cancelar* su billete.

12.9 IM ZUGABTEIL

Einen freien Platz suchen

Entschuldigen Sie, ist dieser Platz noch *frei*?
– Nein, er ist *besetzt.*
Gibt es noch einen freien Platz *am Fenster*?
Ich habe diesen Platz reserviert.

Por favor, ¿este asiento está *libre*?

– No, está *ocupado.*
¿Hay un asiento libre *en la ventanilla*?

He reservado este asiento.

Sein Gepäck unterbringen

Hat mein *Gepäck* / mein *Koffer* / meine *Reisetasche* noch Platz?
Können Sie mir bitte helfen?

¿Cabe mi *equipaje* / mi *maleta* / mi *bolsa de viaje*?
¿Puede ayudarme, por favor?

Um Erlaubnis bitten

Entschuldigen Sie, kann ich *die Tür öffnen*? *Es ist warm* hier.
Entschuldigen Sie, kann ich *das Fenster schließen*? *Es ist kalt* hier.

Por favor, ¿puedo *abrir la puerta*? *Hace calor.*

Por favor, ¿puedo *cerrar la ventanilla*? *Hace frío.*

Informationen einholen

Ist das ein *Nichtraucherabteil*?
Wo befindet sich der *Speisewagen*?

¿Es un *compartimiento de no fumadores*?
¿Dónde está el *coche restaurante*?

13.
DIE FERIEN,
DAS REISEN

13.1 DIE FERIENPLÄNE

Fährst du / Fahren Sie in die Ferien?
(in die Ferien fahren)
Wohin fährst du / fahren Sie in die Ferien?
Was machst du / machen Sie *in den Ferien?*
Ich fahre für zwei Wochen …
… *nach Valencia.*
… *nach Italien.*
… *nach Portugal.*
… *nach Galicien.*
… *ans Meer.*
… *an die Nordsee.*
… *an die Ostsee.*
… *ans Mittelmeer.*
… *an die Costa del Sol.*
… *an die holländische Küste.*
… *auf eine Insel.*
… *in die Berge.*
… *in die Alpen.*
… *aufs Land.*
Ich werde zwei *Wochen … verbringen.*
… *bei einem* englischen *Freund …*
… bei meiner englischen Freundin …
… in einer englischen Familie …

¿Vas / Va usted de vacaciones?
(ir de vacaciones)
¿Adónde vas / va usted de vacaciones?
¿Qué haces / hace usted *en las vacaciones?*
Voy dos semanas …
… *a Valencia.*
… *a Italia.*
… *a Portugal.*
… *a Galicia.*
… *al mar.*
… *al mar del Norte.*
… *al mar Báltico.*
… *al Mediterráneo.*
… *a la Costa del Sol.*
… *a la costa holandesa.*
… *a una isla.*
… *a la montaña.*
… *a los Alpes.*
… *al campo.*
Voy a *pasar* dos semanas …
… *en casa de un amigo inglés.*
… *en casa de mi amiga inglesa.*
… con una familia inglesa.

Wir fahren *campen*.	Vamos *de camping*.
Wir haben *ein Vier-Mann-Zelt*.	Tenemos *una tienda para 4 personas*.
Ich fahre zu einem Sprachaufenthalt nach England.	*Voy* a Inglaterra *para aprender el idioma*.
Ich möchte *meine Englischkenntnisse verbessern*.	Quiero *mejorar mis conocimientos del inglés*.
Ich möchte *Fortschritte im Englischen machen*.	Quiero *hacer progresos en inglés*.
Ich fahre mit meiner Familie / allein.	Voy con mi familia / solo/sola.
Wir *fahren* …	Vamos …
… *mit dem Zug*.	… *en tren*.
… *mit dem Wagen*.	… *en coche*.
… *mit dem Bus*.	… *en autobús*.
Wir machen die *Reise* …	*Viajamos* …
… *mit dem Flugzeug*.	… *en avión*.
… *mit dem Schiff*.	… *en barco*.
Wir *reisen* mit dem Zug.	*Viajamos* en tren.
(reisen)	(viajar)
Mein Bruder will *per Anhalter* nach Italien *fahren*.	Mi hermano quiere *ir a dedo* a Italia.
Er will *per Anhalter* nach Italien *fahren*.	Quiere *ir* a Italia *en autoestop*.
Wir wohnen …	Estamos alojados …
… *im Hotel*.	… *en un hotel*.
… *in der Jugendherberge*.	… *en el albergue juvenil*.
… *bei Freunden*.	… *en casa de unos amigos*.
Wir werden im Hotel *übernachten*.	*Pasaremos la noche* en un hotel.
Wir haben … *gemietet*.	Hemos *alquilado* …
… *eine Ferienwohnung* …	… *un apartamento para las vacaciones*.
… *ein Ferienhaus* …	… *un chalé para las vacaciones*.
(etw. mieten)	(alquilar a/c)
An der Costa Brava sind viele *Touristen*.	En la Costa Brava hay muchos *turistas*.
Lloret de Mar ist ein sehr *bekannter Fremdenverkehrsort*.	Lloret de Mar es un *centro turístico* muy *conocido*.
Viele Leute leben vom *Tourismus*.	Allí mucha gente vive del *turismo*.
(von etw. leben)	(vivir de a/c)
Ich fahre in den Wintersport.	*Voy a esquiar*.
Ich fahre nach Garmisch.	Voy a Garmisch.
Garmisch ist ein sehr bekannter *Wintersportort*.	Garmisch es un *centro de deporte de invierno* muy conocido.

Ich werde dich *nach meiner Rückkehr* anrufen.	Te llamaré *después de que haya vuelto / cuando vuelva.*
(jdn anrufen)	(llamar a alg.)
Ich werde dich anrufen, *wenn ich zurück bin.*	Te llamaré *cuando esté de vuelta.*
(zurück sein)	(estar de vuelta)

13.2 DIE AKTIVITÄTEN AM FERIENORT

Am Meer

Ich bin *zum Strand* gegangen.	He ido *a la playa.*
Ich war *den Tag über am Strand.*	Me he quedado *todo el día en la playa.*
Ich habe gebadet.	*Me he bañado.*
(baden)	(bañarse)
Ich habe …	He practicado …
… *gesurft.*	… *el surf.*
… *gesegelt.*	… *la vela.*
… *getaucht.*	… *el buceo.*
Ich bin *Wasserski gelaufen.*	He *practicado el esquí acuático.*
Ich habe *einen Surfkurs/-lehrgang* gemacht.	He asistido a *un cursillo de surf.*
Ich habe *an einem Segelkurs teilgenommen.*	He *asistido a un cursillo de vela.*
(an einem Kurs teilnehmen)	(asistir a un cursillo)
Ich habe *Tauchen gelernt.*	He *aprendido* a *bucear.*
(lernen, etw. zu tun)	(aprender a hacer a/c)
Am Mittag bin ich zum Hotel *zurückgekehrt.*	A mediodía *he vuelto* al hotel.
(zurückkehren)	(volver)
Der *Aufenthalt* in Nerja *hat mir sehr gut gefallen.*	*La estancia* en Nerja *me ha gustado muchísimo.*
(jdm gefallen)	(gustar a alg.)
Ich werde im nächsten Jahr *wiederkommen.*	*Volveré* el año que viene.
(wiederkommen)	(volver)

Auf dem Land / in den Bergen

Wir haben *Wanderungen/ Radwanderungen gemacht.*	Fuimos de *excursión a pie / en bici.*

Wir haben *gepicknickt.*
(picknicken)
Wir haben *Bergwanderungen* gemacht.
Wir sind *auf einen 2 000 m hohen Berg gestiegen.*

Hemos *hecho picnic.*
(hacer picnic)
Fuimos de *excursión a la montaña.*
Escalamos un pico de dos mil metros.

13.3 DIE FERIENTERMINE IN DEUTSCHLAND

Die *Herbstferien* sind vom 10. bis 15. Oktober.
Die *Weihnachtsferien* gehen vom 21. Dezember bis 6. Januar.
Die *Winterferien* sind vom 5. bis 17. Februar.
Die *Osterferien* sind vom 30. März bis 13. April.
Die *Pfingstferien* gehen vom 25. bis 28. Mai.
Die *Sommerferien dauern* 6 Wochen.
(dauern)
Sie *beginnen* am 18. Juli und *enden* am 30. August.
(beginnen)/(enden)

Las vacaciones de otoño son del 10 al 15 de octubre.
Las vacaciones de Navidad son del 21 de diciembre al 6 de enero.
Las vacaciones de invierno son del 5 al 17 de febrero.
Las *vacaciones de Semana Santa* son del 30 de marzo al 13 de abril.
Las vacaciones de Pentecostés son del 25 al 28 de mayo.
Las vacaciones de verano duran 6 semanas.
(durar)
Empiezan el 18 de julio y *terminan* el 30 de agosto.
(empezar)/(terminar)

14.
BRIEFE
SCHREIBEN

14.1 EINEN BRIEF AN EINEN BEKANNTEN / EINE BEKANNTE SCHREIBEN

Sich für den Brief / die Postkarte bedanken

Lieber Rafael / *Liebe* Carmen, vielen Dank für deinen *netten* Brief vom 10. April.
Ich habe deine Postkarte *vor zwei Tagen erhalten.*
(etw. erhalten, bekommen)

Querido Rafael / *Querida* Carmen: muchas gracias por tu *agradable* carta del 10 del abril.

Recibí tu postal *hace dos días.*

(recibir a/c)

Sich nach dem Befinden erkundigen

Wie geht es dir?
Mir geht es sehr gut.
Bei uns haben *alle* die Grippe.

¿Cómo estás?
Estoy muy bien.
En mi casa *todo el mundo* tiene la gripe.

Sich für die Einladung bedanken

Es ist sehr nett, dass du mich für die Sommerferien einlädst.
Ich freue mich sehr über deine Einladung.
Ich kann für zwei Wochen zu Euch kommen.

Es muy amable que me invites para las vacaciones de verano.
Me alegro mucho de tu invitación.

Puedo estar con vosotros dos semanas.

Den Freund / Die Freundin einladen

Hast Du Lust, in den Sommerferien zu uns zu kommen?
(Lust haben, etw. zu tun)

¿*Tienes ganas* de estar con nosotros *en las vacaciones de verano?*
(tener ganas de hacer a/c)

Ich möchte dich *während der großen Ferien* zu uns einladen.

Quiero invitarte a estar con nosotros *durante las vacaciones de verano.*

Was sind deine *Pläne* für die großen Ferien?

¿Qué *proyectos* tienes para las vacaciones de verano?

Bitten

Ich möchte dich *um eine Gefälligkeit bitten.*

Quiero *pedirte un servicio.*

Kannst du mir eine CD von … / die letzte Nummer der Zeitschrift „…" schicken?

¿Me puedes mandar un CD de … / el último número de la revista «…»?

Schreib mir schnell.

Escríbeme pronto.

Antworte mir schnell.

Contéstame pronto.

(jdm antworten)

(contestar a alg.)

Schreib mir schnell, ob/wann du kommen kannst.

Escríbeme pronto si / cuando puedes venir.

Briefschlussformel

Viele Grüße / Freundliche Grüße

Un abrazo / Un fuerte abrazo.

14.2 EIN DANKSCHREIBEN AN SPANISCHE BEKANNTE ABFASSEN

Liebe Frau …, lieber Herr …

Estimada señora …: / Estimado señor …:

Liebe Carmen, lieber Rafael,

Querida Carmen: / Querido Rafael:

Ich bin *seit drei Tagen* wieder zu Hause.

Estoy en casa de nuevo *desde hace tres días.*

Die Reise war *angenehm.*

El viaje fue *agradable.*

Meine Eltern haben mich am Bahnhof / am Flughafen *abgeholt.*

Mis padres me *buscaron* en la estación / en el aeropuerto.

(jdn abholen)

(buscar a alg.)

Ich war *glücklich,* sie *wiederzusehen.*

Estaba *muy contento/contenta* de *volver a ver*los.

Ich danke Ihnen noch einmal für die herzliche Aufnahme, die Sie mir bereitet haben.

Le(s) agradezco otra vez el cordial recibimiento que me dió (dieron).

(jdm für etw. danken)

(agradecer a/c a alg.)

Es hat mir bei Ihnen *sehr gut gefallen.*

Me gustó mucho estar en su casa.

Leider ging die Zeit zu schnell vorüber.

Por desgracia, el tiempo pasó demasiado rápido.

Es war sehr nett von Ihnen, dass Sie mir ein wenig Ihre *Gegend* gezeigt haben.

Ha(n) sido usted(es) muy amable(s) de enseñarme un poco *la región.*

Ich erinnere mich noch sehr gut an
den Ausflug nach Granada.
(sich an etw. erinnern)
Ich muss sagen, dass ich während
meines Aufenthalts in Nerja
gute Erfahrungen gemacht habe.
Ich werde noch lange an die schönen
Tage bei Ihnen / bei Euch zurück
denken.
Wir hoffen / Ich hoffe, Sie bald
wiederzusehen.
Wir laden Sie/Euch für die nächsten
Ferien ein.
Herzliche Grüße von meinen Eltern.
Freundliche Grüße

Todavía me acuerdo muy bien de la excursión
a Granada.
(acordarse de a/c)
Tengo que decir que hice buenas experiencias
durante mi estancia en Nerja.

Me acordaré mucho tiempo de los días
agradables en su/vuestra casa.

Esperamos/Espero que volvamos a vernos
pronto.
Le(s)/Os invitamos para las próximas
vacaciones.
Cordiales saludos de parte de mis padres.
Un abrazo

14.3 EINEN OFFIZIELLEN BRIEF SCHREIBEN

Sehr geehrte Damen und Herren,
wir möchten gern drei Wochen in Ihrer
Stadt verbringen, vom 20. Juli bis
10. August.
Wir suchen eine Ferienwohnung /
ein Ferienhaus für 4 Personen /
ein Hotelzimmer / einen guten
Campingplatz.

Estimados señores:
Queremos pasar tres semanas en su ciudad,
desde el 20 de julio hasta el 10 de agosto.

Buscamos un apartamento / una casa de
vacaciones para 4 personas / una habitación
de hotel / un buen camping.

Bitte um Zusendung von Informationsmaterial

Könnten Sie uns Prospekte
über Ihre Stadt zusenden?
Ich wäre Ihnen dankbar, wenn Sie mir
… schicken würden.
… ein Hotelverzeichnis …
… ein Verzeichnis der Ferienwoh-
nungen und Ferienhäuser …
… ein Verzeichnis der Campingplätze …

Les rogamos nos envíen unos folletos
informativos sobre su ciudad.
Les agradecería que me envíen …

… una lista de hoteles.
… una lista de apartamentos y casas de
vacaciones.
… una lista de campings.

Wir benötigen auch …	*Necesitamos* también …
… einen Stadtplan.	… un plano de la ciudad.
… eine Karte Ihrer Region.	… un mapa de la región.

Suche eines Hotelzimmers / einer Ferienwohnung

Könnten Sie uns … *angeben?*	Nos podrían *indicar* …
… den Preis eines Zweibettzimmers …	… el precio de una habitación doble?
… den Preis einer Ferienwohnung für 4 Personen …	… el precio de un apartamento de vacaciones para 4 personas.
(jdm etw. angeben)	(indicar a/c a alg.)
Wir wären Ihnen dankbar, wenn Sie uns ein Zweibettzimmer *für den Zeitraum vom* 20. Juli *bis* 10. August reservieren würden.	Les agradeceríamos que nos reserven una habitación doble *para el periodo del* 20 de julio *al* 10 de agosto.
In Erwartung ihrer *Antwort* …	A la espera de su *respuesta*, les saludamos atentamente.
(Briefschlussformel)	

14.4 VERMITTLUNG EINES BRIEFPARTNERS / EINER BRIEFPARTNERIN

(→ Freizeit und Hobbies 5)

Sehr geehrte Damen und Herren, ich wäre Ihnen dankbar, wenn Sie mir die Adresse eines/einer jungen Spanier/Spanierin *nennen* würden, der/die mit mir in einen Briefaustausch treten möchte.	Estimados señores: Les agradecería que me *comuniquen* la dirección de un joven español / una joven española que desee mantener correspondencia conmigo.
Ich bin … Jahre alt. Ich wohne in … .	Tengo … años. Vivo en … .
Mein Vater / Meine Mutter ist … .	Mi padre / Mi madre es … .
Ich habe … Brüder und … Schwestern im Alter von … Jahren.	Tengo … hermanos y … hermanas de … años.
Ich lerne Spanisch seit … Jahren.	Estudio español desde hace … años.
Meine Lieblingsbeschäftigungen sind … .	Mis ocupaciones favoritas son … .
Ich mag auch/besonders … .	Me gusta también / sobre todo … .
Ich interressiere mich auch für … .	… me interesa también.
Ich spiele Klavier/Gitarre.	Toco el piano / la guitarra.
Ich bin in einem Tanzklub.	Soy socio de un club de baile.

Ich danke Ihnen im voraus für
Ihre Hilfe und …
(Briefschlussformel)

Les agradezco con anticipación su ayuda
y les saludo atentamente.

14.5 TEILNAHME AN EINER FERIENARBEIT IN SPANIEN

Sehr geehrte Damen und Herren,
ich möchte gern an einem Workcamp
während der Sommerferien *teilnehmen.*
(an etw. teilnehmen)
Ich bin Deutsche/r. Ich bin … Jahre alt.
Ich würde mich freuen, wenn ich für
zwei oder drei Wochen arbeiten
könnte.
Könnten Sie mir *Auskunft* über Ihre
Workcamps *geben*?
Ich wäre Ihnen dankbar, wenn Sie mir
sagen würden, auf welchem Workcamp ich arbeiten könnte.
In Erwartung Ihrer Antwort …
(Briefschlussformel)

Estimados señores:
Me gustaría participar en un campamento de
trabajo durante las vacaciones de verano.
(participar en a/c)
Soy alemana/alemán. Tengo … años.
Me alegraría si pudiera trabajar dos o tres
semanas.

¿Me podrían *informar* sobre sus campamentos
de trabajo?
Les agradecería que me indiquen el
campamento donde podría trabajar.

En espera de su respuesta, les saludo
atentamente.

15.
TELEFONIEREN

15.1 DAS TELEFON

Das *Telefon* klingelt.	Suena *el teléfono.*
Ich habe mit Sara *telefoniert.*	He *llamado* a Sara.
(mit jdm telefonieren)	(llamar a alg.)
Du kannst / Sie können mich um 4 Uhr *anrufen.*	Me puedes / Me puede *llamar* a las cuatro.
(jdn anrufen)	(llamar a alg.)
Wie ist die *Telefonnummer* des Krankenhauses?	¿Cuál es el *teléfono* del hospital?
Ich habe *mich verwählt.*	He *marcado mal.*
Gibt es hier in der Nähe eine *Telefonzelle*?	¿Hay *una cabina telefónica* por aquí cerca?
Das Telefon funktioniert nur mit einer *Telefonkarte.*	El teléfono funciona sólo con *tarjeta telefónica.*
Du kannst / Sie können *eine Nachricht auf unserem Anrufbeantworter hinter-lassen.*	Puedes/Puede *dejar un mensaje en el contestador automático.*

15.2 MIT EINEM BEKANNTEN / EINER BEKANNTEN TELEFONIEREN

Ja, ich höre.	Sí, dígame.
Hallo? Bist du's, Miguel? Hier ist Karsten.	-¡Hola! ¿Eres tú, Miguel? Soy Karsten.

Hallo? Ist dort Herr/Frau Castillo?
– Ja, *am Apparat.*
Hier ist Karsten. Guten Tag.
Ist Rafael da?
Könnte ich mit Rafael sprechen?
– *Einen Augenblick bitte,* ich *rufe* ihn
eben.
(jdn rufen)
Hallo, Rafael! Wie geht's?
Hör mal, Rafael. *Ich rufe an*
wegen meines Besuchs bei euch.
Ich bin krank und *deshalb* kann ich
nicht kommen.
Ich bin erkältet, aber ich werde
trotzdem kommen.
Ich rufe dich an, wenn ich *den genauen*
Zeitpunkt meiner Ankunft *weiß.*
(etw. wissen)

¡Hola! ¿Hablo con el señor / la señora Castillo?
– Sí, *dígame.*
Soy Karsten. Buenos días.
¿Está Rafael?
¿Puedo hablar con Rafael?
– *Un momento, voy a llamar*lo.

(llamar a alg.)
¡Hola, Rafael! ¿Qué tal?
Oye, Rafael. *Te llamo por lo de mi estancia* con
vosotros.
Estoy enfermo y *por eso* no puedo ir.

Estoy resfriado, pero voy a ir a *pesar de eso.*

Te llamaré cuando *sepa la fecha precisa* de mi
llegada.
(saber a/c)

15.3 MIT EINEM ERWACHSENEN / EINER FIRMA TELEFONIEREN

Ja. / *Ich höre.*
Spreche ich mit Sr. García?
– Spreche ich mit der Firma
Construcciones Carlaja?
– Ja, Sie wünschen?
Hier ist Sonia Schmidt. *Mit wem*
spreche ich?
– Können Sie mich bitte *mit* Herrn X /
Frau Y *verbinden*?
Ich möchte bitte Sra. Pérez sprechen.
Könnte ich bitte Sra. Pérez sprechen?
– *Wie ist Ihr Name?*
– In welcher Angelegenheit?
– Ich rufe Sie an …
… um ein *Treffen* zu *vereinbaren.*
… wegen Ihres *Kostenvoranschlags.*

Sí. / *Díga(me).*
– Hablo con el señor García?
– ¿Hablo con Construcciones Carlaja?

Sí, ¿en qué podemos atenderle?
Soy Sonia Schmidt. *¿Con quién hablo?*

¿Podría *poner*me *con* el señor X / la señora Y?

– Quiero hablar con la señora Pérez.
– ¿Podría hablar con la señora Pérez, por favor?
– *¿De parte de quién*, por favor?
– ¿Podría indicarme el motivo de su llamada?
Le llamo …
… para *concertar una cita.*
… a propósito de su *presupuesto.*

– Können Sie bitte Ihren Namen *buchstabieren?*

– *Einen Augenblick.*

– Ich bedaure, sie ist nicht da / ist nicht in Ihrem *Büro.* Sie ist *in einer Sitzung.*

– Tut mir leid. Er/Sie *spricht gerade.*

– Kann ich *etwas ausrichten?*

(jdm etw. ausrichten)

– Nein, danke, *das ist nicht nötig.*

Kann ich später *noch einmal anrufen?*

Kann ich Ihnen meine Nummer geben, damit sie mich zurückruft?

Könnten Sie mich mit Ihrer *Sekretärin /* Ihrem *Mitarbeiter* verbinden?

Können Sie ihr ausrichten, dass ich angerufen habe?

Ich werde es später / heute Nachmittag noch einmal *versuchen.*

(versuchen, etw. zu tun)

– Entschuldigung, ich habe Sie nicht *verstanden.*

Könnten Sie bitte *wiederholen?*

Ich *höre* Sie sehr schlecht.

(etw./jdn hören)

Die Verbindung ist schlecht.

– Ich danke Ihnen vielmals.

– Auf Wiederhören.

– ¿Podría *deletrear*me su nombre, por favor?

– *Espere un momento,* por favor.

– Lo siento, pero no está / no se encuentra en su *despacho.* Se encuentra *en una reunión.*

– Lo siento. En estos momentos *tiene la línea ocupada.*

– ¿Desea *dejar un recado?*

(dejar un recado a alg.)

No, gracias, *no hace falta.*

¿Puedo *llamar otra vez,* más tarde?

¿Puedo dejarle mi teléfono para que ella me llame cuando vuelva?

¿Podría ponerme con su *secretaria /* su *colaborador?*

¿Puede decirle que he llamado?

Trataré de llamar otra vez más tarde / esta tarde.

(tratar de hacer a/c)

Perdone, pero no lo/la he *entendido* bien.

¿Podría *repetír*melo?

Se le *oye* muy mal.

(oír a/c / a alg.)

La comunicación está mal.

Muchísimas gracias.

¡Adiós!

16.
EINE PERSON BESCHREIBEN

16.1 DIE ÄUSSERE ERSCHEINUNG (→ Kleidung/Schuhe kaufen 9.4, Die Farben 25.6)

Er/Sie ist *groß/klein*.
Er/Sie ist *dick/mager*.
Er/Sie ist *schön/hübsch*.
Er/Sie ist *blond/dunkelhaarig*.
Er/Sie hat *blonde/dunkle Haare*.
Er/Sie hat *lange/kurze Haare*.
(lang)/(kurz)
Er/Sie hat *blaue Augen*.
Er/Sie hat ein *rundes Gesicht*.
Er/Sie trägt Jeans / einen roten Pulli /
elegante Schuhe / Sportschuhe /
einen Mantel / einen eleganten Hut.
Sein/Ihr Mantel ist *sehr modisch /*
ist sehr *modern*.
Er/Sie trägt einen *komischen* Mantel.
Er/Sie trägt *eine Brille / eine Sonnen-*
brille.

El es *alto/bajo*. Ella es *alta/baja*.
El es *gordo/flaco*. Ella es *gorda/flaca*.
El es *hermoso/guapo*. Ella es *hermosa/guapa*.
El es *rubio/moreno*. Ella es *rubia/morena*.
El/Ella tiene *el pelo rubio/moreno*.
El/Ella tiene *el pelo largo/corto*.
(largo/larga) / (corto/corta)
El/Ella tiene *los ojos azules*.
El/Ella tiene *la cara redonda*.
El/Ella lleva vaqueros / un jersey rojo / *zapatos*
elegantes / zapatos deportivos / un abrigo /
un sombrero elegante.
Su abrigo está *muy de moda* / es muy *moderno*.

El/Ella lleva un abrigo *gracioso*.
El/Ella lleva *gafas / gafas de sol*.

16.2 DIE LEBENSUMSTÄNDE

Er/Sie ist *verheiratet/geschieden/*
unverheiratet.
Er/Sie lebt *getrennt*.

El está *casado/divorciado/soltero*. Ella está
casada/divorciada/soltera.
El/Ella está *separado/separada*.

Er/Sie lebt *allein*.	El/Ella vive *solo/sola*.
Er/Sie *leidet darunter*, allein zu leben.	*Le cuesta* vivir solo/sola.
(unter/an etw. leiden)	(costar a alg.)
Er/Sie *führt ein angenehmes Leben*.	El/Ella *lleva una vida agradable*.
(etw. führen)	(llevar a/c)
Er/Sie *hat sein/ihr gutes Auskommen*.	El/Ella *se las arregla bien para vivir*.
Er/Sie ist sehr *reich*.	El/Ella es muy *rico/rica*.
Er/Sie ist nicht *arm*.	El/Ella no es *pobre*.
Er/Sie *besitzt* ein *modernes* Haus.	El/Ella *tiene* una casa *moderna*.
(etw. besitzen)	(tener a/c)
Er/Sie hat eine *wichtige Position*.	El/Ella *tiene un cargo importante*.
(wichtig)	(importante)
Er/Sie ist *arbeitslos*.	El/Ella está *en paro*.
Er/Sie ist *im Ruhestand*.	El/Ella está *jubilado/jubilada*.

16.3 DER CHARAKTER

Er/Sie ist …	El/Ella es …
… *sympathisch*.	… *simpático/simpática*.
… *nett*.	… *amable*.
… *höflich*.	… *cortés*.
… sehr *natürlich*.	… muy *natural*.
… sehr *ruhig*.	… muy *tranquilo/tranquila*.
… *mutig*.	… *valiente*.
… *ernst*.	… *serio/seria*.
… *streng*.	… *severo/severa*.
… *neugierig*.	… *curioso/curiosa*.
… *boshaft*.	… *malo/mala*.
… *dickköpfig*.	… *cabezudo/cabezuda*.
… *stolz auf* seine/ihre Arbeit.	…*orgulloso de / orgullosa de* su trabajo.
Er/Sie *fühlt sich verantwortlich für* seinen Freund (ihre Freundin).	El/Ella *se siente responsable de* su amigo (su amiga)
(sich fühlen)	(sentirse)
Er/Sie hat einen großen *Einfluss auf* seinen Freund / ihre Freundin.	El/Ella tiene mucha *influencia sobre* su amigo / su amiga.

16.4 DER GEIST, DER VERSTAND

Er/Sie ist sehr *intelligent*.

El/Ella es muy *inteligente*.

Er/Sie ist *dumm*.

El/Ella es *estúpido/estúpida*.

Er/Sie *denkt* immer an seine/ihre Arbeit.

El/Ella siempre *piensa* en su trabajo.

(an etw. denken)

(pensar en a/c)

Seine/Ihre *Gedanken* über den Sport sind sehr interessant.

Sus *ideas* sobre el deporte son muy interesantes.

Er/Sie hat immer gute *Ideen/ Gedanken/Einfälle*.

El/Ella siempre tiene buenas *ideas*.

Er/Sie *denkt über* seine/ihre *Zukunft nach*.

El/Ella *reflexiona sobre* su *futuro*.

(über etw. nachdenken)

(reflexionar sobre a/c)

Er/Sie *kennt* England sehr gut.

El/Ella *conoce* Inglaterra muy bien.

(etw. kennen)

(conocer a/c)

Er/Sie hat gute *Englischkenntnisse*.

El/Ella tiene buenos *conocimientos del inglés*.

Er/Sie *versteht* kein Spanisch.

El/Ella no *entiende* español.

(etw. verstehen)

(entender a/c)

Er/Sie ist nicht *fähig*, einen Brief in Spanisch zu schreiben.

El/Ella no es *capaz* de escribir una carta en español.

Er/Sie *weiß* alles, was sich im Bereich des Sports ereignet.

El/Ella *sabe* todo lo que pasa en el mundo del deporte.

(etw. wissen)

(saber a/c)

Er/Sie *informiert sich über* alles.

El/Ella *se informa de* todo.

(sich über etw. informieren)

(informarse de a/c)

Er/Sie hat mir interessante *Informationen über* die Arbeitsmöglichkeiten in Spanien gegeben.

El/Ella me ha dado *informaciones* interesantes *sobre* las posibilidades de trabajar en España.

Er/Sie will *sich über* das kulturelle Leben in Madrid *informieren*.

El/Ella quiere *informarse sobre* la vida cultural en Madrid.

(sich über etw. informieren)

(informarse sobre a/c)

Er/Sie will mir *Auskunft/Informationen über* die Arbeitswelt in Spanien geben.

El/Ella quiere darme *informaciones sobre* el mundo laboral en España.

Er/Sie *hat* nicht *bemerkt,* dass ich krank bin.

El/Ella no *se ha dado cuenta de* que estoy enfermo/enferma.

(etw. bemerken)

(darse cuenta de a/c)

Er/Sie hat *vergessen*, dich anzurufen.

El/Ella ha *olvidado* llamarte.

(etw. vergessen)

(olvidar a/c)

Er/Sie *irrt sich* nie.
(sich irren)
Er/Sie *erinnert sich* nicht mehr *an*
deinen Namen.
(sich an etw. erinnern)

El/Ella no *se equivoca* nunca.
(equivocarse)
El/Ella ya no *se acuerda* de tu nombre.

(acordarse de a/c)

16.5 DIE INTERESSEN (→ Freizeit und Hobbies 5)

Er/Sie ist *gut/schlecht* in Sprachen.

Er/Sie *ist gut/stark* im Tennis.
(etw. spielen (Sportart))
Er/Sie ist sehr *sportlich* und sehr
musikalisch.
Er/Sie *interessiert sich* sehr *für Politik.*
(sich für etw. interessieren)
Er/Sie interessiert sich sehr für das
politische/kulturelle Leben.
Er/Sie interessiert sich sehr für *soziale*
Probleme.
Er/Sie spricht über seine/ ihre
politischen *Ansichten.*
Er/Sie macht eine *interessante* Arbeit.

El es *bueno/malo* en idiomas. Ella es
buena/mala en idiomas.
El/Ella *juega muy bien* al tenis.
(jugar a a/c)
El/Ella es muy *deportivo/deportiva* y tiene
mucho *talento musical.*
El/Ella *se interesa* mucho *por la política.*
(interesarse por a/c)
El/Ella se interesa mucho por la *vida política/
cultural.*
El/Ella se interesa mucho por los problemas
sociales.
El/Ella habla de sus *ideas* políticas.

El/Ella hace un trabajo *interesante.*

16.6 DIE GEFÜHLE

Er/Sie kann seine/ihre *Gefühle* nicht
ausdrücken.
Er/Sie *liebt* seine/ihre Kinder sehr.
(etw./jdn lieben)
Er/Sie hat dies *aus Liebe zu* seinen/
ihren Kindern getan.
Er/Sie hat *sich in* eine/n Spanier/in
verliebt.
(sich in jdn verlieben)
Er/Sie *ist mit* seiner/ihrer Arbeit
zufrieden.

El/Ella no puede *expresar* sus *sentimentos.*

El/Ella *quiere* mucho a sus hijos.
(querer a/c / a alg.)
El/Ella lo ha hecho *por amor a* sus hijos.

El/Ella *se ha enamorado de* un español / una
española.
(enamorarse de alg.)
El/Ella *está contento/contenta con* su trabajo.

Er/Sie *ist mit seiner/ihrer Situation unzufrieden.*

El/Ella *no está contento/contenta con su situación.*

Er/Sie *ist glücklich über* seinen/ihren *Erfolg.*

El/Ella *esta contento/contenta por* su *éxito.*

(über etw. glücklich sein)

(estar contento por a/c)

Es ist ein großes *Glück* für ihn / für sie, Arbeit zu haben.

El tener trabajo es *una* gran *dicha* para él / para ella.

Er/Sie ist sehr *unglücklich.*

El/Ella es muy *infeliz.*

Sein/Ihr *Unglück* war es, seine/ihre Arbeitsstelle zu verlieren.

Tuvo *la desgracia* de perder su puesto de trabajo.

Er/Sie ist sehr *fröhlich/lustig.*

El/Ella es muy *alegre.*

Er/Sie *lacht* viel.

El/Ella *ríe* mucho.

(lachen)

(reír)

Er/Sie hat *sich sehr über* meinen Brief *gefreut.*

El/Ella *se alegró mucho con* mi carta.

(sich über etw. freuen)

(alegrarse con a/c)

Er/Sie war sehr *überrascht über* meinen Brief.

El/Ella *se sorprendió* mucho *de* mi carta.

Er/Sie *hofft,* eine neue Arbeitsstelle zu finden.

El/Ella *espera* encontrar otro empleo.

Er/Sie hat keine große *Hoffnung.*

El/Ella no tiene mucha *esperanza.*

Er/Sie ist *verzweifelt über* seine/ihre Situation.

El/Ella está *desesperado/desesperada por* su situación.

Er/Sie ist *beunruhigt/besorgt.*

El/Ella está *preocupado/preocupada.*

Er/Sie *macht sich Sorgen um* seinen/ihren Sohn.

El/Ella *se preocupa por* su hijo.

Er/Sie ist sehr *traurig.*

El/Ella está muy *triste.*

Er/Sie hat *geweint.*

El/Ella ha *llorado.*

(weinen)

(llorar)

Er/Sie *hat Angst vor* der Arbeitslosigkeit.

El/Ella *tiene miedo del paro.*

(vor etw. Angst haben)

(tener miedo de a/c)

Er/Sie *hat Angst,* allein auszugehen.

El/Ella *tiene miedo de* salir solo/sola.

(Angst haben, etw. zu tun)

(tener miedo de hacer a/c)

Er/Sie *fürchtet sich / hat Angst* vor der Arbeitslosigkeit.

El/Ella *teme* el paro.

(sich vor etw. fürchten)

(temer a/c)

Er/Sie *hat Angst,* krank zu werden.

El/Ella *teme* caer enfermo/enferma.

Er/Sie *hat nicht den Mut*, allein in die Ferien zu fahren.

(den Mut haben, etw. zu tun)

Er/Sie *langweilt sich.*

(sich langweilen)

Er/Sie *bedauert*, keine Arbeit zu finden.

(bedauern)

Er/Sie *schämt sich*, arbeitslos zu sein.

(sich wegen etw. schämen)

Er/Sie *hasst* seine/ihre Kollegen.

(jdn/etw. hassen)

Er/Sie *ist wütend auf* seine/ihre Kollegen.

Er/Sie *wird* leicht *wütend.*

(wütend werden)

Er/Sie *macht sich* oft *über* seine/ihre Kollegen *lustig.*

(sich über jdn / über etw. lustig machen)

Er/Sie ist nicht *sicher* Arbeit zu finden.

El/Ella no *se atreve a* ir de vacaciones solo/sola.

(atreverse a hacer a/c)

El/Ella *se aburre.*

(aburrirse)

El/Ella *lamenta* no encontrar trabajo.

(lamentar)

El/Ella *se avergüenza por* estar en paro.

(avergonzarse por a/c)

El/Ella *odia a* sus compañeros.

(odiar a alg.)

El/Ella *tiene rabia* a sus compañeros.

El/Ella *se pone furioso/furiosa* fácilmente.

(ponerse furioso/furiosa)

El/Ella muchas veces *se burla de* sus compañeros.

(burlarse de alg. / a/c)

El/Ella no está *seguro/segura* de encontrar trabajo.

17.
DIE SPRACHLICHEN KONTAKTE

17.1 UM ETWAS BITTEN

Kannst du / Können Sie mir helfen?
– Ja, *natürlich.*
Kannst du mich zum Bahnhof
begleiten?
(jdn begleiten)
Könntest du mir 10 Euros leihen?
Ich *gebe* dir das Geld morgen *wieder.*
(jdm etw.wiedergeben/zurückgeben)
Könnten Sie mir einen 20-Euro-Schein
wechseln? Ich habe kein *Kleingeld*
bei mir.
Gibst du mir / Geben Sie mir
den Schlüssel?
Gib mir bitte die Zeitung! /
Geben Sie mir bitte die Zeitung!
Halte mir bitte die Tür auf.
(etw. halten)
Könnten Sie mir eine Auskunft geben?
– *Gerne.*
Ich *bitte dich / Ich bitte Sie, so schnell
wie möglich* zu kommen.
(jdn bitten, etw. zu tun)

¿Me *puedes* / Me *puede* ayudar?
– Sí, *claro.*
¿Me puedes *acompañar* a la estación?

(acompañar a alg.)
¿Me *puedes* prestar 10 euros?
Mañana te *devolveré* el dinero.
(devolver a/c a alg.)
¿Me *puede* cambiar un billete de 20 euros?
No tengo *dinero suelto.*

¿Me das / Me da la llave?

Dame el periódico, por favor. /
Déme el periódico, por favor.
Ten la puerta, por favor.
(tener a/c)
¿Podría darme una información?
– ¡*Con mucho gusto!*
Te ruego / Le ruego que vengas/venga *cuanto
antes.*
(rogar a alg. que + subjuntivo)

17.2 JEMANDEN AUFFORDERN

Beeile dich!
(sich beeilen)
Sonst verpasst du den Bus.
(ein Verkehrsmittel verpassen)
Du musst dich / Sie müssen sich beeilen.

(etw. tun müssen)
Zeig mir mal!
Kommen Sie bitte!
Vorsicht!/Achtung!
Pass auf den Verkehr auf!
(auf etw. achten, aufpassen)
Nimm/Nehmen Sie dieses Wörterbuch, es ist sehr *nützlich.*
Sag/Sagen Sie Mari, sie soll auf mich warten!
(jdm etw. sagen)
Sag/Sagen Sie Paco, er braucht nicht auf mich warten.
Mach das nicht, das ist *unnütz.*
Vergiss deine Tasche nicht! / Vergessen Sie Ihre Tasche nicht!
Es ist nötig, dass du sofort gehst/abreist.
(nötig sein, dass …)
Ich will nicht, dass du *zu spät kommst.*
(wollen, dass)
(zu spät kommen)

¡Date prisa!
(darse prisa)
Si no, vas a perder el bus.
(perder un medio de transporte)
Tienes que darte prisa. / Usted tiene que darse prisa.
(tener que hacer a/c)
¡Déjame ver!
¡Venga, por favor!
¡Cuidado!
¡Ten cuidado con el tráfico!
(tener cuidado con a/c)
Toma/Tome este diccionario, es muy *útil.*

Díselo/Dígaselo a Mari que me espere.

(decírselo a alg. que + subjuntivo)
Díselo/Dígaselo a Paco que no me espere.

No hagas eso, es *inútil.*
No olvides tu bolso. / No olvide su bolso.

Hace falta que te marches enseguida.
(hacer falta que + subjuntivo)
No quiero que *llegues con retraso.*
(querer que + subjuntivo)
(llegar con retraso)

17.3 AN ETWAS ERINNERN

Du hast gesagt, du willst mir helfen.
Sie haben gesagt, Sie wollen heute Abend kommen.
Du hast mir *versprochen,* / Sie haben mir versprochen, mir zu helfen.
(jdm versprechen, etw. zu tun)

Has dicho que quieres ayudarme.
Usted ha dicho que quiere venir esta tarde.
Me has *prometido* / Usted me ha prometido ayudarme.
(prometer a alg. hacer a/c)

17.4 ERLAUBNIS, VERBOT

Um Erlaubnis bitten

Darf ich das Fenster schließen? | *¿Puedo* cerrar la ventana?
Gestatten Sie, dass ich mich vorstelle? | *¿Permita* que me presente?
(jdm erlauben/gestatten, etw. zu tun) | (permitir a alg. que + subjuntivo)

Über das Erlaubte sprechen

Darfst du abends ausgehen? | *¿Te dejan* salir por la noche?
Ich darf abends *nicht* ausgehen. | *No me dejan* salir por la noche.
Mein/e *Chef/in* lässt mich nicht zu Hause anrufen. | Mi *jefe/jefa* no me deja llamar a casa.
(jdn etw. machen lassen) | (dejar hacer a/c a alg.)
Mein/e Chef/in gibt uns nicht die *Erlaubnis, private Fotokopien* zu machen. | Mi jefe/jefa no nos da *permiso* para hacer *fotocopias privadas.*

Von einem Verbot sprechen

Man darf / Du darfst / Sie dürfen hier *nicht* eintreten. | *No se puede / No puedes / No puede* entrar aquí.
(etw. nicht tun dürfen) | (no poder hacer a/c)
Es ist verboten, hier zu fotografieren. | Aquí *está prohibido* fotografiar.
Meine Eltern haben mir *verboten,* am Wochenende auszugehen. | Mis padres me han *prohibido* salir el fin de semana.
(jdm verbieten, etw. zu tun) | (prohibir a alg. hacer a/c)
Tu das bloß/ja nicht! | *¡Que no hagas eso!*

17.5 EINEN VORWURF ÄUSSERN

Was machst du denn da? | *¿Qué* estás haciendo?
Warum hast du mir *nichts* gesagt? | *¿Por qué no* me has dicho *nada*?
Warum haben Sie *niemanden* gefragt? | *¿Por qué no* ha preguntado a *nadie*?
(jdn fragen) | (preguntar a alg.)
Warum antwortest du nicht auf meine *Frage*? | *¿Por qué no contestas a mi pregunta?*
(auf etw. antworten) | (contestar a a/c)

Du hättest / Sie hätten mich *über* seine
Abreise *informieren können.*
(jdn über etw. informieren)
Du hättest / Sie hätten ihn informieren
sollen.

*Habrías / Usted habría podido informar*me *de*
su salida.
(informar a alg. de a/c)
Hubieras / Usted hubiera debido informar*le.*

17.6 VORSCHLAGEN, EMPFEHLEN, EINEN RAT ERTEILEN, SEINE HILFE ANBIETEN

Etwas vorschlagen

Was sollen wir jetzt machen?

Was *schlägst* du *vor?*

(etw. vorschlagen)

Sollen wir in die Stadt *gehen?*

Hast du Lust / Haben Sie Lust, ins Kino
zu gehen?

*Bist du einverstanden / Sind Sie einver-
standen, wenn wir* in die Stadt gehen?

Wir könnten gemeinsam *dorthin*
gehen.

Das ist eine gute *Gelegenheit,* das neue
Einkaufszentrum kennenzulernen.

¿Qué vamos a hacer ahora?

¿Qué *propones* tú?

(proponer a/c)

¿*Vamos* al centro?

¿*Tienes/Tiene ganas de* ir al cine?

¿*Estás de acuerdo / Está usted de acuerdo en* ir
al centro?

Podríamos ir *allí* juntos.

Es *una* buena *oportunidad* para conocer el
nuevo *centro comercial.*

Etwas empfehlen

Du musst dir / *Sie müssen* sich den Film
unbedingt ansehen.

Am Samstag ist ein Rockkonzert in der
Festhalle. *Es lohnt sich,* dorthin zu
gehen.

Tienes que / Tiene que ver esta película *sin falta.*

El sábado hay un concierto de rock en la sala
de fiestas. *Vale la pena* ir.

Jemanden um Rat fragen

Was *soll* ich tun?

(etw. tun sollen)

Können Sie mir *einen Rat geben?*

Was *raten* Sie mir (zu tun)?

(jdm raten, etw. zu tun)

¿Qué *debo* hacer?

(deber hacer a/c)

¿Me puede dar *un consejo?*

¿Qué me *aconseja* usted (que haga)?

(aconsejar a alg. que + subjuntivo)

Jemandem einen Rat/Hinweis geben

Ich an deiner Stelle würde nicht dorthin gehen.

Yo que tú, no iría allí.

Du musst / Sie müssen ein Wörterbuch *benutzen,* um *diesen Text* zu übersetzen.

Tienes que / Tiene que usar un diccionario para traducir *este texto.*

Du sollst nicht den ganzen Abend fernsehen.

No deberías ver la tele *toda la tarde.*

Du musst *dich* / Sie müssen *sich an* die Polizei *wenden.*

Tienes que dirigir*te* / Tiene que dirigir*se a* la policía.

(sich an jdn wenden)

(dirigirse a alg.)

Sie müssen die Polizei rufen.

Usted tiene que llamar a la policía.

Du solltest *wirklich* mehr arbeiten.

Es verdad que tendrías que trabajar más.

Sie sollten meinem Rat *folgen.*

Usted debería seguir mi consejo.

(einer Sache / einer Person folgen)

(seguir a/c / a alg.)

Du solltest nicht so lange arbeiten.

No deberías trabajar tanto tiempo.

Sie sollten nicht länger warten.

No debería usted esperar más tiempo.

Es ist besser, zu Hause zu bleiben.

Es mejor quedarse en casa.

Es wäre besser, wenn du den Bus nehmen würdest / wenn Sie den Bus nehmen würden.

Sería mejor que vayas en autobús / que vaya en autobús.

Wie schließt man dieses Fenster? – Das macht man *so,* das ist sehr *einfach.*

¿Cómo se cierra esta ventana? – Se hace *así,* es muy *fácil.*

Jemandem seine Hilfe anbieten

Kann ich Ihnen helfen?

¿Puedo ayudarle?

Was *wünschen* Sie?

¿Qué *desea* usted?

(etw. wünschen)

(desear a/c)

Ich kann dir 10 Euros *leihen,* wenn du willst.

Te puedo *prestar* 10 euros, si quieres.

(jdm etw. leihen)

(prestar a/c a alg.)

Ich kann Sie nach Hause bringen, wenn Sie wollen.

Puedo llevarle a casa, si quiere.

Ich kann dir/Ihnen eine *Erklärung für* dieses Problem geben.

Te puedo / Le puedo dar *una explicación de este* problema.

17.7 FREUDE/BEDAUERN ÄUSSERN

Freude äußern

Ich freue mich sehr auf deinen/Ihren Besuch bei uns.

Tengo mucha ilusión de verte/verle en mi casa.

Ich würde mich sehr freuen, wenn du mich diesen Sommer besuchen würdest.

Me alegraría mucho si vinieras a verme este verano.

Ich würde mich freuen, wenn Sie uns einmal besuchen würden.

Me alegraría si usted viniera a vernos algún día.

Ich bin froh, dass ich in die Ferien fahren *kann.*

Estoy contento/contenta de que pueda salir de vacaciones.

Ich habe mich sehr über dein/Ihr Geschenk *gefreut.*

Tu/Su regalo *me ha gusta mucho.*

Bedauern äußern

Das ist schade.

Lástima.

Ich *bedaure.*

Lo lamento.

(etw. bedauern)

(lamentar a/c)

Es tut mir leid.

Lo siento.

17.8 EINEN WUNSCH ÄUSSERN

Ich würde gern ein Jahr in Spanien verbringen.

Me gustaría pasar un año en España.

(etw. gerne tun)

(gustar a alg. hacer a/c)

Ich würde lieber zu Hause bleiben.

Preferiría quedarme en casa.

(etw. lieber tun)

(preferir hacer a/c)

Wohin *würdest du gern* fahren?

¿Adónde *te gustaría* ir?

Ich möchte gern nach Amerika fahren.

Me gustaría ir a América.

Es wäre toll, wenn du diesen Sommer zu mir kommen könntest.

Sería estupendo si pudieras venir a verme este verano.

Es wäre toll, wenn Sie diesen Sommer zu uns kommen könnten.

Sería estupendo si usted pudiera venir a vernos este verano.

Ich habe große Lust, in die Ferien zu fahren.

Tengo muchas ganas de salir de vacaciones.

17.9 SEINE MEINUNG ÄUSSERN

Seine Meinung äußern

Ich *finde, dass* …   Yo *opino que* …

Ich *meine, dass* …   Yo *pienso que* …

Ich *glaube, dass* …   Yo *creo que* …

(etw. glauben)   (creer a/c)

Meiner Meinung nach …   *En mi opinión* …

Einverstanden sein

Das *stimmt.* / Das ist *richtig.*   Es *verdad.* / Es *correcto.*

Das stimmt, was Sie da sagen.   Es verdad lo que dice usted.

Du hast *Recht.* / Sie haben *Recht.*   Tienes *razón.* / Tiene usted *razón.*

Ich stimme mit dir / mit Ihnen überein. Estoy de acuerdo contigo / con usted.

Ich finde das gut, wenn man ausgehen   *A mí me parece bien* que uno pueda salir

kann, wann man will.   cuando quiera.

Nicht einverstanden sein

Das stimmt nicht. / Das ist nicht *wahr.*   Eso no es correcto. / No es *verdad.*

Das stimmt nicht, was Sie sagen.   Lo que usted dice no es verdad.

Julia *hat Unrecht, wenn sie sagt, dass* … . Julia *está equivocada diciendo que* … .

Da stimme ich nicht mit dir / mit   En eso no estoy de acuerdo contigo / con usted.

Ihnen überein.

Ich bin nicht *Ihrer Meinung.*   No *estoy de acuerdo con usted.*

Ich *habe eine andere Meinung/Ansicht*   *Lo veo de otra manera* que usted.

als Sie.

Ich finde, es ist nicht gut, wenn   *A mí no me parece bien querer* controlarlo *todo.*

man alles kontrollieren *will.*

Ich finde, es ist falsch, wenn man den   *A mí me parece un error prohibir* salir a los

Jugendlichen *verbietet* auszugehen.   jóvenes.

Jemanden nach seiner Meinung fragen

Was hältst du von diesem Buch?   *¿Qué piensas de* este libro?

Was halten Sie von diesem Mann?   *¿Qué piensa de* este hombre?

(von etw./jdm etw. halten)   (pensar de a/c / de alg.)

Wir könnten morgen einen Ausflug   Podríamos ir de excursión mañana.

machen.

Was *hältst du davon?* /   *¿Qué piensas de eso?* /

Was *halten Sie davon?*   *¿Qué piensa usted de eso?*

Wie *findest du / finden Sie* dieses Buch?
– Ich finde es sehr interessant.
(etw. gut/schlecht finden)
Man hat mir *erzählt*, dass du den
Führerschein gemacht hast.
(jdm etw. erzählen)
Stimmt das?

¿Qué *te parece / le parece* este libro?
– A mí me parece muy interesante.
(parecer a alg. bien/mal)
Me han *contado* que has *sacado el carné de
conducir.*
(contar a/c a alg.)
¿Es verdad?

Eine Vermutung äußern

Er/Sie ist *sicher(lich)/bestimmt* krank.
Er/Sie *muss* krank *sein.*
Man sagt, dass er/sie krank sei.
Er/Sie *scheint* krank zu sein.
(etw. zu tun scheinen)
Er/Sie kommt *vielleicht* morgen.
Er/Sie ruft *eher* heute Abend an.

Seguro que está enfermo/enferma.
Debe de estar enfermo/enferma.
Dicen que está enfermo/enferma.
Parece que está enfermo/enferma.
(parecer que)
A lo mejor vendra mañana.
Más bien va a llamar esta tarde.

17.10 EINE GESCHÄFTLICHE VEREINBARUNG TREFFEN

Ja, hallo.
Spreche ich mit Herrn Castillo?
Ja, *was kann ich für Sie tun*?
Guten Tag. Hier ist Müller von der
Firma XY in Hamburg.
Ich möchte *einen Termin* mit Ihnen
vereinbaren.
Ich bin vom 15. bis 18. Mai in
Barcelona.
Wenn es Ihnen recht ist, könnten wir
uns am 16. bei Ihnen treffen.
Tut mir leid, aber am 16. habe ich
keinen Termin mehr frei.
Könnte es am 17. *vormittags* sein?
Sagen wir um 11?
Ja, *das passt mir* auch.
Gut. Also verbleiben wir am 17.05. um
11 Uhr in meinem Büro.
Einverstanden. Auf Wiedersehen.
Auf Wiedersehen.

Sí, dígame.
¿Hablo con el señor Castillo?
Sí, *¿en qué puedo servirle?*
Buenos días. / Buenas tardes. Soy Dieter Müller
de XY en Hamburgo.
Quiero *concertar una entrevista* con usted.

Estaré en Barcelona del día 15 al día 18 de
mayo.
Si le parece bien, podríamos vernos en su
oficina el día 16.
Lamentablemente, el 16 ya estoy ocupado todo
el día.
¿Podría ser el 17 *por la mañana?* ¿Digamos
a las 11?
Sí, *me viene bien* también.
Muy bien. Entonces quedamos el día 17 de
mayo a las 11 en mi despacho.
De acuerdo. Adiós.
Adiós.

18.
DIE SCHULE / DER KURS

18.1 ALLGEMEINES (→ Die Berufswünsche, die Ausbildung 20)

Gehst du auf das „*Colegio*" / auf das „*Instituto*"?	¿Vas al *colegio* / al *instituto*?
Ich gehe …	Voy …
… auf die Realschule.	… a la «Realschule».
… auf die Gesamtschule.	… a la «Gesamtschule».
… aufs Gymnasium.	… al «Gymnasium».
Mein Bruder / Meine Schwester geht in die *Grundschule* / in den *Kindergarten*.	Mi hermano / Mi hermana va a *la escuela primaria* / a *la guardería*.
In welcher Klasse bist du?	¿*En qué curso* estás?
– Ich bin *in Klasse 9*.	– Estoy *en el noveno curso* del sistema alemán.
Wann *machst* du das *Abitur*?	¿Cuándo *terminas el bachillerato*?
(das Abitur machen)	(terminar el bachillerato)
Am Ende der Realschule muss man *(k)eine Prüfung machen.*	*Al terminar* la «Realschule» *(no)* tienes que *hacer un examen.*
Hast du auch nachmittags/samstags *Unterricht*?	¿*Tienes clase* por la tarde / los sábados *también*?
Der Unterricht fällt heute *aus*.	*No hay clase* hoy.
Hast du samstags *frei*?	¿*No tienes clase* los sábados?
Um wie viel Uhr *fangt* ihr *an* / *hört* ihr *auf*?	¿A qué hora *empezáis/termináis*?
(anfangen)/(aufhören, enden)	(empezar)/(terminar)
Um wie viel Uhr *beginnt/endet* dein Unterricht?	¿A qué hora *empieza/termina* tu clase?

Wie lange *dauert* eine Unterrichts-stunde?	¿Cuánto tiempo *dura* una clase?
(dauern)	(durar)
Wie viele *Pausen* habt ihr?	¿Cuántos *recreos* tenéis?
Wie lange dauern eure Pausen?	¿Cuánto tiempo duran vuestros recreos?
Um wie viel Uhr kommst du aus der Schule nach Hause?	¿A qué hora vuelves a casa?
(nach Hause kommen)	(volver a casa)
Ich besuche …	Voy …
… die *Abendschule*.	… al *colegio/instituto nocturno*.
… die *Volkshochschule*.	… al *centro de formación de adultos*.
… die *Universität*.	… a *la universidad*.
Ich *bereite* das Zertifikat *vor*.	*Preparo* el certificado.
(etw. vorbereiten)	(preparar a/c)
Ich habe zwei *Kurse in der Woche*.	Tengo dos *cursos a la semana*.
Ich *belege* einen Intensivkurs.	*Asisto* a un curso intensivo.
(etw. belegen)	(asistir a a/c)
Er geht über … Stunden.	Es un curso de … horas.

18.2 DER UNTERRICHT

Was sind *deine Lieblingsfächer*?	¿Cuáles son *tus asignaturas favoritas*?
Magst du *Erdkunde/Mathematik*?	¿*Te gusta(n) la geografía/las matemáticas*?
Bist du gut in Mathematik / in Erdkunde?	¿*Eres bueno/a en matemáticas/geografía*?
In Englisch bin ich nicht *gut*.	No soy *bueno/a* en inglés.
Was für eine Note hast du in Englisch?	¿*Qué nota tienes* en inglés?
Auf meinem letzten Zeugnis hatte ich „…".	*En mi último boletín tuve* «…».
Morgen *schreiben wir eine Englisch-arbeit*.	Mañana *hacemos un examen de inglés*.
Hier ist mein *Stundenplan*.	Este es mi *horario*.
Morgen Vormittag habe ich Geschichte, Französisch, Erdkunde und Physik.	Mañana por la mañana tengo historia, francés, geografía y física.
Französisch …	*El francés* …
Englisch …	*El inglés* …
Deutsch …	*El alemán* …
Geschichte …	*La historia* …
Physik …	*La física* …

Chemie …
Musik …
… interessiert mich sehr.
Biologie interessiert mich nicht besonders.
Was für Fremdsprachen lernst du?
– *Ich lerne* Englisch, Französisch und Spanisch.
(Englisch lernen)
Seit wann *lernst du Englisch/ Französisch/Spanisch*?
– *Ich lerne seit vier Jahren* Englisch/ Französisch/Spanisch.
In welchem Jahr bist bist?
– Ich bin *im fünften Jahr* Englisch / *im dritten Jahr* Französisch / *im ersten Jahr* Spanisch.
Wie viel Stunden Englisch habt ihr in der Woche?
Was macht ihr *im Englischunterricht*?
Der *Englischunterricht* gefällt mir sehr gut.
Zum Physikunterricht *gehen wir in einen anderen Klassenraum.*
(in einen anderen Raum gehen)
Der Mathematiklehrer erklärt nicht gut.
(jdm etw. erklären)
Die *Spanischlehrerin* ist sehr gut.
Sie macht einen interessanten Unterricht.
Musst du viele *Hausaufgaben* machen?
Der Mathelehrer *gibt uns zu viel Hausaufgaben auf.*
(jdm etw. (auf)geben)
Wie lange *brauchst du für* deine Hausaufgaben?
Ich *brauche* zwei bis drei *Stunden.*
(eine Stunde brauchen)
Ich gehe in einen *Anfänger-/ Fortgeschrittenenkurs.*

La química …
La música …
… me interesa mucho.
La biología no me interesa mucho.
¿Qué idiomas estudias?
– *Estudio* inglés, francés y español.
(estudiar inglés)
¿Cuántos años hace que *estudias inglés/ francés/español?*
– *Estudio* inglés/francés/español *desde hace cuatro años.*
¿En qué curso estás?
– Estoy *en el quinto curso de* inglés / *en el tercer curso de* francés / *en el primer curso de* español.
¿Cuántas horas de inglés tenéis a la semana?
¿Qué hacéis *en inglés*?
Las clases de inglés me gustan mucho.

Para la clase de física *cambiamos de aula.*

(cambiar de aula)
El profe de mates no *explica* bien.
(explicar a/c a alg.)
La profe de español es muy buena.
Da clases interesantes.

¿Tienes que hacer muchos *deberes?*
El profe de mates *nos pone demasiados deberes.*

(poner deberes a alg.)
¿Cuánto tiempo *tardas en hacer* tus deberes?

– *Tardo* de dos a tres *horas.*
(tardar de una hora)
Voy a *un curso de principiantes/avanzados.*

Das Niveau ist gut/schlecht.	*El nivel* es bueno/malo.
Der Dozent / Die Dozentin ist nett/ sympatisch/*kompetent.*	*El/La profe* es simpático/simpática/*competente.*
Er/Sie redet *zu schnell.*	Habla *demasiado rápido.*
Er/Sie *kann gut* erklären / erklärt zu wenig.	*Sabe* explicar *bien.* / No explica bastante.
(etw. können (Fähigkeit))	(saber hacer a/c)
Der Kurs ist *interessant/langweilig/ anstrengend.*	El curso es *interesante/aburrido/duro.*
Wir machen *zu viel / zu wenig* Grammatik.	Hacemos *demasiada / muy poca* gramática.
Ich würde lieber etwas mehr reden.	Yo preferiría hablar un poco más.
Die anderen Teilnehmer sind *besser/ schlechter* als ich.	*Los otros* alumnos son *mejores/peores* que yo.
Ich würde gerne *den Kurs wechseln.*	Me gustaría *cambiar de curso.*
Der Kurs, den ich besuchen wollte, *ist nicht zustande gekommen.*	El curso al que quería asistir *no se realizó.*
Es gab nicht *genügend* Teilnehmer.	No había *bastantes* alumnos.
Das (Lehr-)Buch ist zu schwierig.	*El libro de texto* es demasiado difícil.
Ich *habe Mühe* zu folgen.	*Me cuesta* seguir.

19.
DER DEUTSCH-SPANISCHE AUSTAUSCH

19.1 DER SCHÜLERAUSTAUSCH

Unsere Schule macht einen *Austausch* mit einer Schule aus Madrid.

Nuestro colegio / Nuestro instituto hace *un intercambio* con un colegio/un instituto de Madrid.

Ich habe am letzten Austausch *teilgenommen.*
(an etw. teilnehmen (Veranstaltung))

He *participado* en el último intercambio.

(participar en a/c)

Der Austausch war im März.

El intercambio era en marzo.

Er dauerte zwei Wochen.

Duró dos semanas.

Wir sind geflogen.

Fuimos en avión.

Wir sind gegen 18 Uhr angekommen.

Llegamos sobre las seis de la tarde.

Die Familie meines *Austauschpartners /* meiner *Austauschpartnerin* hat mich sehr gut *empfangen.*
(jdn empfangen, aufnehmen)

La familia de mi *compañero* / mi *compañera* me *acogió* muy bien.

(acoger a alg.)

Am nächsten Tag bin ich mit meinem *Austauschpartner /* meiner *Austauschpartnerin* zur Schule gegangen.

Al día siguiente fui al colegio / al instituto con mi *compañero* / mi *compañera.*

Man hat uns das „Colegio"/„Instituto" *gezeigt.*
(jdm etw. zeigen)

Nos *enseñaron* el colegio / el instituto.

(enseñar a/c a alg.)

Wir haben am Unterricht der spanischen *Schüler/Schülerinnen teilgenommen.*
(am Unterricht teilnehmen)

Participamos en las clases de *los alumnos* españoles / *las alumnas* españolas.

(participar en las clases)

Wir haben in der Kantine zu Mittag gegessen.

Comimos en la cantina.

An einem Nachmittag haben wir die Stadt besichtigt.

Una tarde visitamos la ciudad.

Wir haben mehrere Ausflüge mit den spanischen Schülern gemacht.

Hicimos varias excursiones con los alumnos españoles.

Es gab einen *Empfang* im Rathaus.

Había *una recepción* en el ayuntamiento.

Wir haben zwei *Sportwettkämpfe durchgeführt.*

Organizamos dos *competiciones deportivas.*

(etw. durchführen, veranstalten)

(organizar a/c)

Wir haben ein *Fußballspiel* und ein Volleyballspiel gemacht.

Jugamos *un partido de fútbol* y un partido de voleibol.

Die Familie meines Austauschpartners / meiner Austauschpartnerin hat mir die Umgebung der Stadt gezeigt.

La familia de mi compañero / mi compañera me enseñó los alrededores de la ciudad.

Es war nicht leicht, *mich verständlich* zu *machen.*

Para mí no era fácil *comunicarme.*

(sich verständlich machen)

(comunicarse)

Zuerst habe ich nichts *verstanden.*

Al principio no *entendía* nada.

(etw. verstehen)

(entender a/c)

Mein/e Austauschpartner/in sprach fast kein Deutsch.

Mi compañero / Mi compañera casi no hablaba alemán.

Ich habe oft Englisch mit ihm / mit ihr gesprochen.

Muchas veces hablaba inglés con él / con ella.

Ich habe *Fortschritte im Spanischen gemacht.*

He *hecho progresos en español.*

20.
DIE BERUFSWÜNSCHE, DIE AUSBILDUNG

20.1 ALLGEMEINES (→ Die Berufe 21.1)

Was machst du nach der Schule?
– Ich werde *einen Beruf erlernen.*
Was willst du *werden*?
– Ich möchte *Journalist/in / Fotograf/in* werden.

¿Qué vas a hacer después de tus estudios?
– Voy a *aprender un oficio.*
¿Qué quieres *ser*?
– Quiero ser *periodista / fotógrafo/fotógrafa.*

20.2 DIE LEHRE

Mein Bruder *macht eine Lehre als Bäcker.*
Wie lange dauert die Lehre / *die Ausbildung*?
Ist es schwer, einen *Ausbildungsplatz* zu finden?
Mein Bruder / Meine Schwester arbeitet als *Auszubildende/r* in einem Supermarkt.

Mi hermano *hace un aprendizaje de panadero.*
¿Cuánto tiempo dura *el aprendizaje*?
¿Es difícil encontrar *un puesto de aprendizaje*?
Mi hermano / Mi hermana trabaja de *aprendiz / de aprendiza* en un supermercado.

20.3 DIE FACHSCHULE

Ich *werde* auf eine *Fachschule gehen.*

Voy a ir a *un instituto de formación profesional.*

(gehen)

(ir)

Ich möchte ... arbeiten.

Quiero trabajar ...

... in der *Tourismusbranche ...*

... en *turismo.*

... in der *Modebranche ...*

... en *moda.*

... im *Bereich der Informatik ...*

... en *informática.*

... im *Bereich der Publizistik ...*

... en *periodismo.*

Ich möchte ... werden.

Quiero ser ...

... *Reisebürokaufmann /-frau ...*

... *agente de viajes.*

... *Modedesigner/in ...*

... *diseñador/diseñadora de modas.*

Ich *träume* davon, viele Reisen *ins Ausland* zu unternehmen.

Sueño con viajar mucho *al extranjero.*

(von etw. träumen)

(soñar con a/c)

Mein *Traum* ist es, bei einem berühmten *Modeschöpfer* zu arbeiten.

Mi *sueño* es trabajar con *un* famoso *diseñador de modas.*

20.4 DIE HOCHSCHULE, DAS STUDIUM

Ich möchte Informatiker werden.

Quiero ser informático.

Ich werde aufs *Gymnasium* gehen, *um das Abitur zu machen.*

Voy a ir al instituto para hacer el bachillerato.

Ich werde das Abitur *nach zwei/ drei Jahren* machen/ablegen.

Dentro de dos o tres años voy a terminar el bachillerato.

Wenn ich mein Abitur habe, werde ich *(an der Universität) studieren.*

Cuando tenga el bachillerato *estudiaré una carrera.*

Ich werde ... *studieren.*

Estudiaré ...

... *Medizin ...*

... *medicina.*

... *Informatik ...*

... *informática.*

... *Publizistik ...*

... *periodismo.*

Er/Sie ist *Student/in.*

Es *estudiante.*

Er/Sie hat *beschlossen*, für ein Jahr ins Ausland zu gehen.

Ha *decidido* ir al extranjero por un año.

(beschließen, etw. zu tun)

(decidir hacer a/c)

20.5 DER WEHRDIENST, DER ZIVILDIENST

Ich *gehe zur Bundeswehr.*
Der *Wehrdienst* dauert … Monate.
Ich werde meinen *Zivildienst ableisten.*
Der Zivildienst dauert … Monate.
Gibt es auch einen Wehrdienst / einen Zivildienst in Spanien?

Voy a hacer la mili.
La mili dura … meses.
Voy a *hacer el servicio civil.*
El servicio civil dura … meses.
¿Hay mili / servicio civil en España?

21.
DIE ARBEITS-WELT

21.1 DIE BERUFE

Was machen Sie beruflich?
Was sind Sie von Beruf?
Ich bin …
… *Friseur/Friseuse.*
… *Techniker/in.*
… *Mechaniker/in.*
… *Informatiker/in.*
… *Elektriker/in.*
… *Ingenieur/in.*
… *Verkäufer/in.*
… *Journalist/in.*
… *Fotograf/in.*
… *Bankangestellter/Bankangestellte.*
… *Sozialarbeiter/in.*
… *Reisebürokaufmann/-frau.*
… *Modedesigner/in.*
… *Sekretärin.*
… *Krankenschwester.*
… *Architekt/in.*
… *Arzt/Ärztin.*
… *Arbeiter/in.*
… *Facharbeiter/in.*
… *Angestellter/Angestellte.*

¿En qué trabaja usted?
¿Qué profesión tiene?
Soy …
… *peluquero/peluquera.*
… *técnico/técnica.*
… *mecánico/mecánica.*
… *informático/informática.*
… *electricista.*
… *ingeniero/ingeniera.*
… *vendedor/vendedora.*
… *periodista.*
… *fotógrafo/fotógrafa.*
… *empleado/empleada de banca.*
… *asistente social.*
… *agente de viajes.*
… *diseñador/diseñadora de modas.*
… *secretaria.*
… *enfermera.*
… *arquitecto/arquitecta.*
… *médico/médica.*
… *obrero/obrera.*
… *obrero especializado / obrera especializada.*
… *empleado/empleada.*

... *Beamter/Beamtin.*   ... *funcionario/funcionaria.*
... *MTA.*   ... *ATS.*
Ich *arbeite als* Verkäufer/in.   *Trabajo de* vendedor/vendedora
(arbeiten als)   (trabajar de)

21.2 DIE ARBEIT

Allgemeines

Ich mache eine interessante *Arbeit.*
Meine *Arbeitsstätte* liegt im Norden der Stadt.
Ich arbeite ...
... in einem *Supermarkt.*
... in einem *Büro.*
... in einer *Bank.*
... in einer großen *Firma.*
... in einer *Fabrik.*
... bei *Siemens.*
... in der *Industrie.*
... im *Handel.*
... in der *Landwirtschaft.*
Ich arbeite ...
... nur *vormittags.*
... *halbtags.*
Ich *arbeite im Schichtdienst.*
Ich arbeite *38 Stunden in der Woche.*
Ich habe einen *Zeitvertrag.*

Hago *un trabajo* interesante.
Mi *trabajo* está en el norte de la ciudad.
Trabajo ...
... en *un supermercado.*
... en *una oficina.*
... en *un banco.*
... en *una empresa grande.*
... en *una fábrica.*
... en *Siemens.*
... en *la industria.*
... en *el comercio.*
... en *la agricultura.*
Trabajo ...
... sólo *por la mañana.*
... *media jornada.*
Trabajo por turnos.
Trabajo *38 horas a la semana.*
Tengo *un contrato de trabajo temporal.*

Die Arbeitsbedingungen

Die *Arbeitsbedingungen* sind *gut/ schlecht.*
(gut)/(schlecht)
Ich habe eine *regelmäßige/unregelmäßige Arbeitszeit.*
(regelmäßig)/(unregelmäßig)
Ich *arbeite hart.*
Die Arbeit, die ich mache, ist sehr *hart.*
Ich *arbeite am Fließband.*

Las condiciones de trabajo son *buenas/malas.*
(bueno)/(malo)
Tengo *un tiempo de trabajo regular/irregular.*

(regular)/(irregular)
Trabajo duro.
El trabajo que hago (yo), es muy *duro.*
Trabajo en la cadena.

Ich *verdiene* nicht *viel Geld*.	No *gano mucho dinero*.
(etw. verdienen)	(ganar a/c)
Der *Lohn* ist nicht *hoch* / ist *ziemlich niedrig*.	El *sueldo* no es *alto* / es *bastante bajo*.
(hoch (Lohn, Preis))/(niedrig)	(alto/alta)/(bajo/baja)
Die Arbeit ist *gut bezahlt* / *schlecht bezahlt*.	El trabajo está *bien pagado* / *mal pagado*.
(gut)/(schlecht)	(bien(adv.))/(mal(adv.))
Ich suche *einen besser bezahlten Arbeitsplatz* in der Industrie.	Busco *un puesto de trabajo* en la industria que esté *mejor pagado*.
Es ist nicht leicht, *seinen Lebensunterhalt* als Verkäufer/in zu *verdienen*.	No es fácil *ganarse la vida* trabajando de vendedor/vendedora.
Die Arbeiter dieser Fabrik *streiken*.	Los obreros de esta fábrica *están en huelga*.
(streiken)	(estar en huelga)
Der *Streik* dauert schon 8 Tage.	La *huelga* ya dura 8 días.

21.3 DIE WIRTSCHAFTLICHE LAGE, DIE ARBEITSLOSIGKEIT

Die wirtschaftliche Lage

Die *Wirtschaft* ist *in der Krise*.	La *economía* está *en crisis*.
Wir sind *mitten in einer Wirtschaftskrise*.	Estamos *en plena crisis económica*.
Die *wirtschaftliche Lage* …	La *situación económica* …
… ist nicht gut.	… no es buena.
… *hat sich verbessert*.	… *ha mejorado*.
… *hat sich verschlechtert*.	… *ha empeorado*.
(sich verbessern)	(mejorar)
(sich verschlimmern/verschlechtern)	(empeorar)
Die allgemeine Lage hat sich nicht *geändert*.	*La situación general* no ha *cambiado*.
(sich ändern)	(cambiar)
Die Lage ist *besser/schlechter* als *letztes Jahr*.	La situación es *mejor/peor* que *el año pasado*.
(besser)/(schlechter)	(mejor)/(peor)
Viele große Betriebe zahlen keine *Steuern*.	Muchas empresas grandes no pagan *impuestos*.
Die *Renten* sind nicht mehr *sicher*.	*Las pensiones* ya no están *aseguradas*.
(gesichert)	(asegurado/asegurada)
Es gibt zu viel *Schwarzarbeit*.	Hay demasiado *trabajo ilegal*.

Die Arbeitslosigkeit

Es gibt *eine hohe Arbeitslosigkeit* in unserer *Region*.	Hay *mucho paro* en nuestra *región*.
Ich bin *arbeitslos*.	Estoy *en paro*.
Ich finde keine Arbeit.	No encuentro trabajo.
Ich suche *eine neue Arbeitsstelle*.	Busco *un trabajo nuevo*.
(neu)	(nuevo/nueva)
Dieser *Betrieb* / Diese *Firma* hat vor einem Monat zugemacht.	Cerraron esta *empresa* hace un mes.
Diese Firma *hat Bankrott/Pleite gemacht.*	Esta empresa *ha quebrado*.
Diese Fabrik hat 200 Personen *entlassen*.	Esta fábrica ha *despedido* a 200 personas.
(jdn entlassen)	(despedir a alg.)
Diese Firma hat 50 *Arbeitsplätze abgebaut*.	Esta empresa ha *suprimido* 50 *puestos de trabajo*.
(etw. abbauen, abschaffen)	(suprimir a/c)
Diese Firma hat einen *Großteil* ihrer Arbeitsplätze ins Ausland *verlagert*.	Esta empresa ha *trasladado* al extranjero *gran parte* de sus puestos de trabajo.
(etw. verlagern)	(trasladar a/c)
Man muss neue Arbeitsplätze *schaffen*.	Hay que *crear* nuevos puestos de trabajo.
(etw. schaffen)	(crear a/c)
Die *Lohnnebenkosten* sind zu hoch.	*Los costes no salariales* son demasiado altos.

21.4 DIE INDUSTRIE

Ich arbeite in der *Industrie*.	Trabajo en *la industria*.
Ich arbeite …	Trabajo …
… in der *chemischen Industrie*.	… en *la industria química*.
… in der *Autoindustrie*.	… en *la industria del automóvil*.
… in der *Textilindustrie*.	… en *la industria textil*.
Im industriellen Bereich gibt es viele Probleme.	Hay muchos problemas *en el sector industrial*.
(industriell/Industrie-)	(industrial)
Diese Fabrik *stellt elektronische Geräte her*.	Esta empresa *fabrica aparatos electrónicos*.
(etw. herstellen)	(fabricar a/c)
Die *Herstellung* dieses Gerätes hat viel Geld gekostet.	*La fabricación* de este aparato ha costado mucho dinero.

Dieses Unternehmen *stellt landwirt-schaftliche Maschinen her.*

Esta empresa *fabrica maquinaria agrícola.*

Die *Herstellung* dieser *Maschine* war sehr teuer.

La fabricación de esta *máquina* resultó muy cara.

Dieses *Unternehmen verkauft* seine *Produkte* besonders ins Ausland.

Esta *empresa vende* sus *productos* sobre todo al extranjero.

(etw. verkaufen)

(vender a/c)

In dieser Fabrik *werden* Autos *gebaut.*

En esta fábrica *se construyen* coches.

(etw. bauen)

(construir a/c)

Der *Bau* dieses Autos hat 4 Jahre gedauert.

La construcción de este coche duró 4 años.

Die Technik macht große Fortschritte.

La técnica hace grandes progresos.

Der *technische* Fortschritt der letzten Jahre ist *gewaltig.*

El progreso *técnico* de los últimos años es *enorme.*

In Spanien *erzeugen die Kernkraft-werke 30 % des Stroms.*

En España *las centrales nucleares producen el 30 por ciento de la electricidad.*

21.5 DIE LANDWIRTSCHAFT

Sehr wenige Leute arbeiten noch in der *Landwirtschaft.*

Hay muy poca gente que trabaje todavía en *la agricultura.*

Im landwirtschaftlichen Bereich hat sich die Lage verschlechtert.

En el sector agrario la situación ha empeorado.

Die *Landwirte* verdienen nicht viel Geld.

Los agricultores no ganan mucho dinero.

Die Jugendlichen wollen nicht mehr *Bauer* werden.

Los jóvenes ya no quieren ser *campesinos.*

Sie wollen nicht *auf dem Bauernhof* arbeiten.

No quieren trabajar *en la granja.*

Viele Bauern *geben* ihren Hof *auf.*

Muchos campesinos *abandonan* su granja.

(etw. aufgeben/verlassen)

(abandonar a/c)

In dieser Region *wird* Obst/Gemüse/ Wein *angebaut.*

En esta región *se cultiva* fruta/verdura/vino.

(etw. anbauen)

(cultivar a/c)

22.
PROBLEME DER HEUTIGEN ZEIT

22.1 ALLGEMEINES

Alle kennen *die Probleme unserer Zeit*.
Unsere *Gesellschaft* sucht noch nach
einer Lösung für diese Probleme.
Es gibt viele *soziale* Probleme, *z.B.*
die *Kriminalität* und der *Rassismus*.
Ein weiteres *aktuelles* Problem ist der
Krieg und der *Hunger in der Welt*.
Der Hunger in der *Welt* ist kein
nationales, sondern ein *internationales*
Problem.

Todo el mundo conoce *los problemas de hoy*.
Nuestra *sociedad* busca todavía *una solución*
para estos problemas.
Hay muchos problemas *sociales, por ejemplo*
la criminalidad y *el racismo.*
Otro problema *actual* es *la guerra* y *el hambre*
en el mundo.
El hambre en *el mundo* no es un problema
nacional sino *internacional.*

22.2 DIE KRIMINALITÄT

Die Kriminalität ist *ein großes Problem*
in Spanien.
(groß)
Das ist genauso / Das ist dasselbe in
Deutschland.
Die Kriminalität *hat stark zuge-*
nommen.
(zunehmen)

La criminalidad es *un gran problema* en
España.
(grande, gran + Subst. Sg.)
Es igual / Es lo mismo en Alemania.

La criminalidad *ha aumentado mucho.*

(aumentar)

Er hat *ein Verbrechen / eine Straftat begangen.*	Ha *cometido un crimen / un delito.*
(ein Verbrechen / eine Straftat begehen)	(cometer un crimen / un delito)
Die Polizei hat den *Verbrecher festgenommen/verhaftet.*	La policía ha *detenido al criminal.*
(jdn festnehmen, verhaften)	(detener a alg.)
Man hat den Verbrecher *hart bestraft.*	Le han *castigado duramente* al criminal.
(jdn bestrafen)	(castigar a alg.)
Er hat ein Auto *gestohlen.*	Ha *robado* un coche.
(etw. stehlen)	(robar a/c)
Der *Diebstahl* hat sich gestern Abend ereignet.	*El robo* tuvo lugar ayer por la tarde.
Ein *Polizist* hat den *Dieb* festgenommen.	*Un policía* ha detenido al *ladrón.*
Man hat ... *eingebrochen.*	Entraron a robar ...
... *bei uns / in unser Haus* ...	... *en nuestra casa.*
... *in unsere Wohnung* ...	... *en nuestro piso.*
(in etw. einbrechen)	(entrar a robar en a/c)
Der *Einbrecher* war ein *etwa* 20-jähriger Mann.	*El ladrón* era un hombre de *unos* 20 años.
Er hat eine alte Frau *überfallen.*	Ha *asaltado* a una mujer mayor.
(jdn überfallen)	(asaltar a alg.)
Er hat eine Frau *getötet.*	Ha *matado* a una mujer.
(jdn töten)	(matar a alg.)
Er *hat einen Mord begangen.*	*Ha cometido un asesinato.*
(einen Mord begehen)	(cometer un asesinato)
Die Polizei hat den *Mörder verhört.*	La policía ha *interrogado* al *asesino.*
(jdn verhören)	(interrogar a alg.)
Man hat den Mörder *ins Gefängnis gesteckt.*	Le han *metido en la cárcel* al asesino.
(jdn inhaftieren)	(meter en la carcel a alg.)
Der Mörder wurde *zu 10 Jahren Gefängnis verurteilt.*	Le han *condenado* al asesino *a 10 años de prisión.*
(jdn verurteilen)	(condenar a alg.)
Die *Gewalt* hat *zugenommen.*	*La violencia* ha *aumentado.*
Es gibt Leute, die *Gewalttaten* begehen.	Hay gente que comete *actos de violencia.*

Manche Leute werden *gewalttätig,* wenn sie zu viel Alkohol getrunken haben.	Hay gente que se pone *violenta* al beber demasiado alcohol.
(gewalttätig)	(violento/violenta)
Man muss eine Lösung für das Problem der Gewalt finden.	Hay que encontrar una solución para el problema de la violencia.

22.3 DER RASSISMUS

Der *Rassismus* hat zugenommen.	*El racismo* ha aumentado.
Diese Leute sind *rassistisch.*	Esta gente es *racista.*
Sie haben *Vorurteile ...*	Tienen *prejuicios ...*
... gegenüber den Ausländern.	*... contra los extranjeros.*
... gegenüber den Einwanderern.	*... contra los inmigrantes.*
... gegenüber den Gastarbeitern.	*... contra los trabajadores inmigrantes.*
Sie *lehnen* die Ausländer *ab.*	*Rechazan* a los extranjeros.
(etw./jdn ablehnen, zurückweisen)	(rechazar a/c / a alg.)
Sie wollen ihre *Lebensweise* nicht *akzeptieren.*	No quieren *aceptar* su *modo de vivir.*
Sie *weigern sich*, mit den Ausländern in Kontakt zu treten.	*Se niegan* a entrar en contacto con los extranjeros.
(sich weigern / es ablehnen, etw. zu tun)	(negarse a hacer a/c)
Die Ausländer *unterscheiden sich von uns.*	Los extranjeros *se diferencian de nosotros.*
(sich von jdm unterscheiden)	(diferenciarse de alg.)
Man muss *versuchen*, die *Unterschiede* zu verstehen.	Hay que *tratar* de entender *las diferencias.*
Die Ausländer haben *eine andere Religion* und *andere Traditionen.*	Los extranjeros tienen *otra religión* y *otras tradiciones.*
Man muss die Ausländer *in unsere Gesellschaft integrieren.*	Hay que *integrar* a los extranjeros *en nuestra sociedad.*
Gestern gab es eine *Demonstration* gegen den Rassismus.	Ayer había *una manifestación* contra el racismo.
Viele Leute *haben* gegen den Rassismus *demonstriert.*	Mucha gente *se ha manifestado* en contra del racismo.
(gegen/für etw. demonstrieren)	(manifestarse en contra de/en favor de a/c)

22.4 DIE DROGEN, DER ALKOHOL, DAS RAUCHEN

Die Drogen

Viele Jugendliche *nehmen Drogen.*
Muchos jóvenes *toman drogas.*

Ich habe *(noch) nie(mals)* Drogen genommen.
Yo *nunca* he tomado drogas.

Man muss den *Drogenabhängigen* helfen.
Hay que ayudar a *los drogadictos.*

Er/Sie hat *noch nicht* versucht, *ohne* Drogen zu leben.
Todavía no ha tratado de vivir *sin* drogas.

Der Drogenkonsum ist sehr *gefährlich* für die Gesundheit.
El consumo de drogas es muy *peligroso* para la salud.

Die Drogen sind eine große *Gefahr* für die Gesundheit.
Las drogas son *un* gran *peligro* para la salud.

Der Alkohol

Ich trinke *keinen Alkohol.*
(Yo) *no* bebo *alcohol.*

Ich trinke *nur alkoholfreie* Getränke.
Sólo tomo bebidas *sin alcohol.*

Das Rauchen

Ich *rauche nicht.*
No fumo.

(rauchen)
(fumar)

Ich *rauche* seit einem Jahr *nicht mehr.*
Dejé de fumar hace un año.

22.5 DER UMWELTSCHUTZ

Man muss mehr für die *Ökologie* / für die *Umwelt* tun.
Hay que hacer más por *la ecología* / por *el medio ambiente.*

Die *ökologischen* Probleme *werden immer schlimmer.*
Los problemas *ecológicos van agravándose.*

Die *Luft* ist *verschmutzt.*
El aire está *contaminado.*

Das *Wasser* ist verschmutzt.
El agua (f.) está contaminada.

Die *Flüsse* und die Meere sind verschmutzt.
Los ríos y los mares están contaminados.

Wir sind alle *für die Verschmutzung verantwortlich.*
Todos somos *responsables de la contaminación.*

(für etw. verantwortlich sein)
(ser responsable de a/c)

Wir müssen gegen die *Umweltverschmutzung kämpfen.*
Tenemos que *luchar* contra *la contaminación del medio ambiente.*

Man muss *gegen* die Verschmutzung *der Natur* durch die chemischen Produkte *protestieren*.

Die *Regierung* muss *wirksamere Maßnahmen* gegen die Verschmutzung *ergreifen*.

Die *Politiker* / Die *Verantwortlichen* müssen mehr tun, um die Verschmutzung der Natur zu *vermindern*.

Man muss die *Umwelt schützen*.

Man muss *sich für den Umweltschutz engagieren*.

Ein weiteres ökologisches Problem ist die *Radioaktivität*.

Jeder fürchtet sich vor einem *atomaren Unfall*.

Hay que *protestar contra* la contaminación *de la naturaleza* por los productos químicos.

El gobierno tiene que *tomar medidas más eficaces* contra la contaminación.

Los políticos / *los responsables* tienen que hacer más para *reducir* la contaminación de la naturaleza.

Hay que *proteger el medio ambiente*.

Hay que *comprometerse en la protección del medio ambiente*.

Otro problema ecológico es *la radioactividad*.

Todo el mundo tiene miedo a *un accidente nuclear*.

23.
DIE NATUR

23.1 DIE UMGEBUNG, DIE LANDSCHAFT

Magst du / Mögen Sie die *Natur*?
1 km hinter der Stadt ist man *mitten in der Natur.*
Es ist *ganz natürlich*, am Wochenende einen Ausflug zu machen.
In der Umgebung von … gibt es mehrere *Wälder*, wo man *spazieren gehen* kann.
Die Umgebung von … ist sehr *schön.*
Man kann *Spaziergänge* machen.
Es lohnt sich, einen Ausflug in die Umgebung von … zu machen.
Man kann ein *Schloss* / eine *Burg besichtigen.*
Im *Tal* liegt ein kleines *Dorf.*
Das ist ein *ruhiger Ort.*
Dort finden Sie die *Ruhe/Stille*, die Sie suchen.
In diesem *Fluss* gibt es noch *Fische.*
Es gibt einen kleinen *See*, in dem man *baden* kann.
(baden)
Es gibt *einen 500 Meter hohen Berg.*

¿Te gusta / Le gusta *la naturaleza*?
A un kilómetro de la ciudad uno está *en medio de la naturaleza.*
Salir de excursión los fines de semana es una cosa *absolutamente normal.*
En los alrededores de … hay varios *bosques* donde se puede *pasear.*

Los alrededores de … son muy *bonitos.*
Se pueden dar *paseos.*
Vale la pena hacer una excursión a los alrededores de ….
Se puede *visitar un palacio / un castillo.*

En *el valle* hay *una aldea.*
Es *un sitio tranquilo.*
Allí encuentra usted *el silencio* que está buscando.
En este *río* todavía hay *peces.*
Hay *un* pequeño *lago* donde uno puede *bañarse.*
(bañarse)
Hay *un monte de 500 metros de altura.*

Von da oben hat man *eine sehr schöne Aussicht über* die ganze *Landschaft.*	*Desde lo alto* hay *una vista muy bonita sobre* todo *el paisaje.*
Das ist eine sehr schöne *Gegend.*	Es *una región* muy bonita.

23.2 DIE TIERE UND DIE PFLANZEN

Die Tiere

Magst du / Mögen Sie *Tiere?*	¿Te gustan / Le gustan *los animales?*
Wir haben …	Tenemos …
… einen *Hund.*	… *un perro.*
… eine *Katze.*	… *un gato.*
… ein *Meerschweinchen.*	… *un conejo de indias.*
… einen *Hamster.*	… *un hámster.*
… einen *Wellensittich.*	… *un periquito.*
Meine Schwester hat ein *Pferd.*	Mi hermana tiene *un caballo.*
Mein Onkel, der Bauer ist, hat 50 *Kühe.*	Mi tío, que es campesino, tiene 50 *vacas.*
Hörst du / Hören Sie die *Vögel* singen?	¿Oyes / Oye usted *los pájaros* que cantan?
Ich *mag* Hunde/Katzen *gar nicht.*	A mí *no me gustan nada* los perros / los gatos.
Ich finde Hunde/Katzen entsetzlich.	Los perros / Los gatos me dan horror.
Ich habe Angst vor Hunden.	Tengo miedo a los perros.
Ich kann *bellende* Hunde *nicht ausstehen / nicht leiden.*	*No aguanto* los perros *que ladran.*
(etw. nicht ausstehen/leiden können)	(no aguantar a/c)
(bellen)	(ladrar)
Ich *bin gegen Katzenhaare allergisch.*	*Soy alérgico/alérgica al pelo de los gatos.*

Die Pflanzen

Kennst du / Kennen Sie diese *Pflanze?*	¿Conoces / Conoce usted esta *planta?*
Dieser *Baum ist über 100 Jahre alt / ist älter als 100 Jahre.*	Este *árbol tiene más de cien años.*
Ich werde ihm/ihr *Blumen* zum Geburtstag schenken.	Le voy a regalar *unas flores* para su cumpleaños.
Ich werde *Rosen* kaufen.	Voy a comprar *rosas.*

23.3 DAS WETTER

Wie ist das Wetter?	*¿Qué tiempo hace?*
Es ist schönes Wetter.	*Hace buen tiempo.*
Es ist sehr *schlechtes Wetter.*	*Hace* muy *mal tiempo.*
Es ist warm/heiß.	*Hace calor / mucho calor.*
Es ist kalt / ziemlich kalt.	*Hace frío / bastante* frío.
Gestern war sehr schönes Wetter.	Ayer hacía muy buen tiempo.
Morgen wird es schön werden.	Mañana va a hacer buen tiempo.
Wie ist die Temperatur?	*¿Qué temperatura tenemos?*
Es ist 25° C.	*Hace 25 grados.*
Es hat angefangen zu *regnen.*	Ha empezado a *llover.*
(regnen)	(llover)
Es regnet sehr stark.	*Llueve muchísimo.*
Gestern *hat es* den ganzen Tag *geregnet.*	Ayer *llovió* todo el día.
In der ersten Ferienwoche *hatten wir Regen.*	En la primera semana de las vacanciones *llovió.*
Der Regen hat uns *daran gehindert* auszugehen.	*La lluvia* nos *impidió* salir.
(jdn daran hindern, etw. zu tun)	(impedir a alg. hacer a/c)
Die Sonne scheint.	*Hace sol.*
An den letzten zwei Tagen *hatten wir Sonne.*	Los dos últimos días *hizo sol.*
Es ist windig.	*Hace viento.*
Es weht ein sehr starker Wind.	Hace mucho viento.
Es liegt *Schnee.*	Hay *nieve.*
Es hat angefangen zu *schneien.*	Empieza a *nevar.*
Seit gestern *ist viel Schnee gefallen.*	Desde ayer *ha nevado mucho.*
Es ist schon dunkel.	*Ya está oscuro.*
Man kann schon die *Sterne am Himmel* sehen.	Se pueden ver ya *las estrellas en el cielo.*
Siehst du den *Mond?*	*¿Ves la luna?*
Es ist Vollmond.	*Hay luna llena.*

24.
LÄNDER, VÖLKER
UND SPRACHEN

24.1 LÄNDER UND KONTINENTE

Einige Länder

Was ist das größte *Land Europas*?	¿Cuál es *el país* más grande *de Europa*?
Deutschland ist *ein Industrieland*.	*Alemania* es *un país industrial*.
Bern ist die *Hauptstadt* der *Schweiz*.	Berna es *la capital* de Suiza.
Er/Sie lebt …	(El/Ella) vive …
… *in Spanien*.	… *en España*.
… *in Deutschland*.	… *en Alemania*.
… *in Frankreich*.	… *en Francia*.
… *in England*.	… *en Inglaterra*.
… *in Österreich*.	… *en Austria*.
… *in der Schweiz*.	… *en Suiza*.
… *in Belgien*.	… *en Bélgica*.
… *in Großbritannien*.	… *en Gran Bretaña*.
… *in Griechenland*.	… *en Grecia*.
… *in Italien*.	… *en Italia*.
… *in der Türkei*.	… *en Turquía*.
… *in Schweden*.	… *en Suecia*.
… *in Norwegen*.	… *en Noruega*.
… *in Dänemark*.	… *en Dinamarca*.
… *in Luxemburg*.	… *en Luxemburgo*.
… *in Portugal*.	… *en Portugal*.
… *in Kanada*.	… *en Canadá*.
… *in Japan*.	… *en Japón*.

… in Marokko.	… en Marruecos.
… in Holland.	… en Holanda.
… in den USA.	… en los Estados Unidos.

Einige Kontinente

Er/Sie lebt …	(El/Ella) vive …
… in Europa.	… en Europa.
… in Amerika.	… en América.
… in Lateinamerika.	… en América Latina.
… in Afrika.	… en África.
… in Asien.	… en Asia.

24.2 VÖLKER UND SPRACHEN

Er/Sie ist *Spanier/in.*	Es *español/española.*
Er/Sie spricht *spanisch.*	Habla *español.*
Er/Sie ist *Deutsche/r.*	Es *alemán/alemana.*
Er/Sie spricht *deutsch.*	Habla *alemán.*
Er/Sie ist *Franzose/Französin.*	Es *francés/francesa.*
Er/Sie spricht *französisch.*	Habla *francés.*
Er/Sie ist *Engländer/in.*	Es *inglés/inglesa.*
Er/Sie spricht *englisch.*	Habla *inglés.*
Er/Sie ist *Österreicher/in.*	Es *austríaco/austríaca.*
Er/Sie spricht *deutsch.*	Habla *alemán.*
Er/Sie ist *Schweizer/in.*	Es *suizo/suiza.*
Er/Sie spricht *deutsch/französisch/* *italienisch.*	Habla *alemán/francés/italiano.*
Er/Sie ist *Belgier/in.*	Es *belga.*
Er/Sie spricht *flämisch/französisch.*	Habla *flamenco/francés.*
Er/Sie ist *Italiener/in.*	Es *italiano/italiana.*
Er/Sie spricht *italienisch.*	Habla *italiano.*
Er/Sie ist *Portugiese/Portugiesin.*	Es *portugués/portuguesa.*
Er/Sie spricht *portugisisch.*	Habla *portugués.*
Er/Sie ist *Holländer/in.*	Es *holandés/holandesa.*
Er/Sie spricht *holländisch.*	Habla *holandés.*
Er/Sie ist *Luxemburger/in.*	Es *luxemburgués/luxemburguesa.*
Er/Sie spricht *luxemburgisch/* *französisch/deutsch.*	Habla *luxemburgo/francés/alemán.*
Er/Sie ist *Däne/Dänin.*	Es *danés/danesa.*

Er/Sie spricht *dänisch.*	Habla *danés.*
Er/Sie ist *Grieche/Griechin.*	Es *griego/griega.*
Er/Sie spricht *griechisch.*	Habla *griego.*
Er/Sie ist *Türke/Türkin.*	Es *turco/turca.*
Er/Sie spricht *türkisch.*	Habla *turco.*
Er/Sie ist *Marokkaner/in.*	Es *marroquí.*
Er/Sie spricht *arabisch.*	Habla *árabe.*
Er/Sie ist *Schwede/Schwedin.*	Es *sueco/sueca.*
Er/Sie spricht *schwedisch.*	Habla *sueco.*
Er/Sie ist *Norweger/Norwegerin.*	Es *noruego/noruega.*
Er/Sie spricht *norwegisch.*	Habla *noruego.*
Er/Sie ist *Kanadier/in.*	Es *canadiense.*
Er/Sie spricht *englisch/französisch.*	Habla *inglés/francés.*
Er/Sie ist *Japaner/in.*	Es *japonés/japonesa.*
Er/Sie spricht *japanisch.*	Habla *japonés.*

die *Europäer*	*los Europeos*
ein *europäisches* Land	un país *europeo*
(europäisch)	(europeo/europea)
die *Amerikaner*	*los americanos*
der *amerikanische Kontinent*	*el continente americano*
(amerikanisch)	(americano/americana)
die *Lateinamerikaner*	*los latinoamericanos*
ein *lateinamerikanisches* Land	un país *latinoamericano.*
(lateinamerikanisch)	(latinoamericano/latinoamericana)
die *Afrikaner*	*los africanos*
ein *afrikanisches Volk*	*un pueblo africano*
(afrikanisch)	(africano/africana)

25.
ALLGEMEINE ANGABEN

25.1 ZEITANGABEN

Die Uhrzeit

Wie viel Uhr ist es?	*¿Qué hora es?*
Es ist …	Son …
… neun Uhr. (9.00 Uhr)	… las nueve.
… fünf nach neun. (9.05 Uhr)	… las nueve y cinco.
… *kurz nach* neun.	… las nueve *y pico.*
… *viertel nach neun.* (9.15 Uhr)	… *las nueve y cuarto.*
… fünf vor halb zehn. (9.25 Uhr)	… las nueve y veinticinco.
… *halb zehn.* (9.30 Uhr)	… *las nueve y media.*
… zwanzig vor zehn. (9.40 Uhr)	… las diez menos veinte.
… *viertel vor zehn.* (9.45 Uhr)	… *las diez menos cuarto.*
… zehn vor zehn. (9.50 Uhr)	… las diez menos diez.
Es ist …	Son …
… viertel vor zwölf. (11.45 Uhr)	… las doce menos cuarto.
… fünf vor zwölf. (11.55 Uhr)	… las doce menos cinco.
… *zwölf Uhr.* (12.00 Uhr)	… *las doce.*
… fünf nach zwölf. (12.05 Uhr)	… las doce y cinco.
… viertel nach zwölf. (12.15 Uhr)	… las doce y cuarto.
… halb eins. (12.30 Uhr)	… las doce y media.
… *Mitternacht.* (24.00 Uhr)	… *las doce de la noche.*
… halb eins. (0.30 Uhr)	… las doce y media de la noche.
Es ist …	*Es …*
… *ein Uhr.* (13.00 Uhr)	… *la una.*
… *halb zwei.* (13.30 Uhr)	… *la una y media.*

... *ein Uhr* (1.00 Uhr) | ... *la una de la noche.*
Um wie viel Uhr kommst du / kommen Sie? | *¿A qué hora* vienes / viene usted?
– Um halb acht. | – A las siete y media.
Ich komme *am Mittag* / *um Mitternacht* nach Hause. | Vuelvo *a las doce* / *a las doce de la noche.*
Es fährt ein Bus ... | Hay un autobús ...
... um 8 Uhr *morgens.* | ... a las ocho *de la mañana.*
... um 3 Uhr *nachmittags.* | ... a las tres *de la tarde.*
... um 7 Uhr *abends.* | ... a la siete *de la tarde.*
Das Museum ist *von 9 bis 11 Uhr* geöffnet. | El museo está abierto *de nueve a once.*
Die Geschäfte sind *von 2 Uhr bis 5 Uhr* geschlossen. | Las tiendas están cerradas *de dos a cinco.*

Der Tag

Wann kommst du / kommen Sie? | ¿Cuándo vienes / viene usted?
– Ich komme ... | – Llego ...
... *am Montag.* | ... *el lunes.*
... *am Dienstag.* | ... *el martes.*
... *am Mittwoch.* | ... *el miércoles.*
... *am Donnerstag.* | ... *el jueves.*
... *am Freitag.* | ... *el viernes.*
... *am Samstag.* | ... *el sábado.*
... *am Sonntag.* | ... *el domingo.*
... *Samstag oder Sonntag.* | ... *el sábado o el domingo.*
Welchen Tag haben wir heute? | *¿Qué día es hoy?*
– Heute ist Mittwoch. | – Hoy es miércoles.
Ich bin *letzten Montag* angekommen. | Llegué *el lunes pasado.*
Ich fahre *nächsten Freitag.* | Me voy *el viernes que viene.*
Ich fahre ... | Me voy ...
... *am Freitagmorgen.* | ... *el viernes por la mañana.*
... *am Freitagnachmittag.* | ... *el viernes por la tarde.*
... *am Freitagabend.* | ... *el viernes por la tarde/noche.*
Montags ... | *Los lunes* ...
Dienstags ... | *Los martes* ...
Mittwochs ... | *Los miércoles* ...
Donnerstags ... | *Los jueves* ...
Freitags ... | *Los viernes* ...
Samstags ... | *Los sábados* ...

Sonntags …	*Los domingos …*
… arbeite ich nicht.	*… no trabajo.*
Mittwochs nachmittags spiele ich Tennis.	*Los miércoles por la tarde* juego al tenis.
Vormittags bin ich in der Schule.	*Por la mañana* estoy en el colegio/instituto.
Nachmittags gehe ich einkaufen.	*Por la tarde* voy de compras.
Abends sehe ich fern.	*Por la tarde / Por la noche* veo la tele.
Ich arbeite *von morgens bis abends.*	Trabajo *desde la mañana hasta la noche.*
Ich kann *heute* nicht kommen.	*Hoy* no puedo ir.
Ich kann … nicht kommen.	No puedo ir…
… heute Vormittag …	*… esta mañana.*
… heute Nachmittag …	*… esta tarde.*
… heute Abend …	*… esta tarde / esta noche.*
Was hast du / haben Sie … gemacht?	¿Qué hiciste/hizo …
… gestern …	*… ayer?*
… gestern Morgen …	*… ayer por la mañana?*
… gestern Nachmittag …	*… ayer por la tarde?*
… gestern Abend …	*… ayer por la tarde/por la noche?*
Was machst du / machen Sie …	¿Qué vas a hacer / va a hacer …
… morgen?	*… mañana?*
… morgen Vormittag?	*… mañana por la mañana?*
… morgen Nachmittag?	*… mañana por la tarde?*
… morgen Abend?	*… mañana por la tarde / por la noche?*
Ich habe … gearbeitet.	He trabajado …
… den ganzen Tag …	*… todo el día.*
… den ganzen Vormittag …	*… toda la mañana.*
… den ganzen Nachmittag …	*… toda la tarde.*
Am ersten Tag meines Aufenthalts in Madrid war sehr schönes Wetter.	*El primer día de mi estancia* en Madrid hizo muy buen tiempo.
An den letzten zwei Tagen der Ferien hat es geregnet.	*Los dos últimos días de las vacaciones* llovió.
Was hast du / haben Sie *die letzten zwei Tage* gemacht?	¿Qué has hecho / ha hecho *los dos últimos días?*
Ich war *von Freitag bis Sonntag* in Madrid.	*Del lunes al domingo* estuve en Madrid.

Die Woche

Ich bin *vorige Woche* angekommen.	Llegué *la semana pasada.*
Ich fahre *nächste Woche.*	Me voy *la semana que viene.*
Ich fahre *diese Woche.*	Me voy *esta semana.*

Ich bleibe *14 Tage.*
In der Woche vor den Ferien hatte ich einen Unfall.
In der ersten Ferienwoche bin ich nach Madrid gefahren.
In den letzten zwei Ferienwochen war ich zu Hause.
Die letzten zwei Wochen war ich krank.

Me quedo *15 días.*
La semana antes de las vacaciones tuve un accidente.
La primera semana de las vacaciones fui a Madrid.
Las dos últimas semanas de las vacaciones estuve en casa.
Estas dos últimas semanas estuve enfermo/enferma.

Der Monat

Ich fahre …
… *im Januar.*
… *im Februar.*
… *im März.*
… *im April.*
… *im Mai.*
… *im Juni.*
… *im Juli.*
… *im August.*
… *im September.*
… *im Oktober.*
… *im November.*
… *im Dezember.*
Ich fahre *Anfang April / Ende Mai.*
Von Mai bis Oktober bin ich in England.
Im ersten Monat dieses Schuljahres habe ich nichts getan.
In den letzten Monaten habe ich viel für die Schule gearbeitet.

Me voy …
… *en enero.*
… *en febrero.*
… *en marzo.*
… *en abril.*
… *en mayo.*
… *en junio.*
… *en julio.*
… *en agosto.*
… *en septiembre.*
… *en octubre .*
… *en noviembre.*
… *en diciembre.*
Me voy *a principios de abril / a fines de mayo.*
De mayo a octubre estaré en Inglaterra.
El primer mes de este curso no he estudiado nada.
Los dos últimos meses he estudiado mucho.

Das Jahr

Wo warst du / waren Sie *letztes Jahr?*
Wohin fährst du / fahren Sie …
… *nächstes Jahr?*
… *dieses Jahr?*
Wohin fährst du / fahren Sie …
… *im Frühjahr?*
… *im Sommer?*
… *im Herbst?*

¿Dónde estuviste / estuvo usted *el año pasado?*
¿Adónde vas / va usted? …
… *el año que viene?*
… *este año?*
¿Adónde vas / va usted …
… *en primavera?*
… *en verano?*
… *en otoño?*

... *im Winter?*
Letzten Sommer war ich in Italien.
Letzten Winter hat es viel geschneit.
Es ist zu kalt / zu warm *für diese Jahreszeit.*

... *en invierno?*
El verano pasado estuve en Italia.
El invierno pasado nevó mucho.
Hace demasiado frío / demasiado calor *para la estación.*

Das Datum

Ich fahre *am 22. Juni.*
Ich bleibe zwei Wochen in Madrid, *vom 23. Juni bis 7. Juli.*
Ich bleibe *bis zum 7. Juli* in Madrid.
Wann findet der Ausflug statt?
– Am Samstag, dem 3. September.
Der wie vielte ist heute?
– Der 11.
Der 15. Oktober, was ist das für ein Tag?
– Das ist ein Mittwoch.

Me voy *el 22 de junio.*
Me quedo dos semanas an Madrid, *del 23 de junio al 7 de julio.*
Me quedo en Madrid *hasta el 7 de julio.*
¿Cuándo será la excursión?
– El sábado, día 3 de septiembre.
¿A qué día estamos hoy?
– El once.
El quince de octubre, ¿qué día es?

– Es miércoles.

Zeitangaben mit Präposition

Ich komme ...
... *um* 3 Uhr.
... *gegen* 3 Uhr.
... *zwischen* 3 und 4 Uhr.
Ich bin ... zu Hause.
... *von* 5 *bis* 6 Uhr ...
... *ab* 5 Uhr / *von* 5 Uhr *an* ...
... *bis* 6 Uhr ...
Ich bin seit zwei Tagen hier.
Ich fahre *in* drei Tagen.
(in (+ Zeitpunkt in der Zukunft))
Ich bleibe *in* den Ferien / *während* der Ferien zu Hause.
(während (+ Zeitraum))
Ich habe die Strecke *in* 5 Stunden zurückgelegt.
(in, innerhalb von (+ Zeitraum))
Ich bin *vor* zwei Tagen angekommen.
(vor (+ Zeitraum))

Llego ...
... *a* las tres.
... *sobre* las tres.
... *entre* las tres y las cuatro.
Estoy en casa ...
... *de* 5 a 6.
... *a partir de* las 5.
... *hasta* las 6.
Llevo dos días aquí.
Me voy *dentro de* tres días.
(dentro de)
En las vacaciones / *durante* las vacaciones me quedo en casa.
(durante)
Hice el recorrido *en* 5 horas.

(en)
Llegué *hace* dos días.
(hace)

Ich komme *vor* den Ferien zu dir.
(vor (+ Zeitpunkt))
Ich komme *nach* den Ferien zu dir.
(nach (+ Zeitpunkt))
Er/Sie ist *nach* drei Tagen nach Hause
zurückgekehrt.
(nach (+ Zeitraum))
Ich bin *(im Jahre) 1984 geboren.*
Man hat dieses Bauwerk
im 18. Jahrhundert errichtet.

Voy a tu casa *antes de* las vacaciones.
(antes de)
Voy a tu casa *después de* las vacaciones.
(después de)
Volvió a casa *después de* tres días.

(depués de)
Nací en *1984.*
Este monumento se construyó *en el
siglo XVIII.*

Weitere Zeitangaben

Ich bin am 20. Juli losgefahren.	Salí el 20 de julio.
Am nächsten Tag …	*Al día siguiente …*
Am nächsten Morgen …	*A la mañana siguiente …*
Am nächsten Nachmittag …	*A la tarde siguiente …*
Am nächsten Abend …	*A la tarde siguiente …*
… hatte ich einen Unfall.	… tuve un accidente.
Am Tag nach unserer Ankunft bin ich krank geworden.	*El día después de* llegar caí enfermo/enferma.
Am Tag vor unserer Ankunft hatte ich einen Unfall	*El día antes de* llegar tuve un accidente.
Am Anfang der Ferien …	*A principos de las vacaciones …*
Am Ende der Ferien …	*A finales de las vacaciones …*
… kaufe ich mir ein Fahrrad.	… voy a comprarme un bici.
Vom 3. bis 10. Juli bin ich in Barcelona.	Del 3 al 10 de julio estaré en Barcelona.
In der Woche davor bin ich in Valencia.	*La semana antes* estaré en Valencia.
In der Woche danach / In der folgenden Woche bin ich in Andalusien.	*La semana siguiente* estaré en Andalucía.
Bist du *schon lange* hier? / Sind Sie schon lange *hier?*	¿Llevas *mucho tiempo* aquí? / ¿Lleva usted mucho tiempo *aquí?*
– *Ich bin seit drei Tagen* hier.	– *Llevo tres días* aquí.
Seit wann bist du / sind Sie hier?	¿Desde cuando estás / está usted aquí?
Wie lange bist du / sind Sie *schon* hier?	¿Cuánto tiempo llevas / lleva usted aquí?
– (Seit) zwei Tage(n).	– Dos días.
Jetzt/Heute / Im Augenblick / Zur Zeit sind viele Leute arbeitslos.	*Ahora/Hoy (en día) / De momento / Actualmente* mucha gente está en paro.
Bis jetzt habe ich noch keine Arbeit gefunden.	*Hasta ahora* no he encontrado trabajo todavía.

Bis heute habe ich noch keine Wohnung gefunden.
Ab jetzt / Von jetzt an werde ich nicht mehr rauchen.
An jenem Tag war ich nicht zu Hause.
In diesem Augenblick kam die Polizei.
Zunächst/Zuerst habe ich ferngesehen.
Danach/Dann habe ich die Zeitung gelesen.
Schließlich bin ich ins Bett gegangen.
Es ist *spät / sehr spät / zu spät.*
Du kommst *früh / sehr früh / zu früh.*

Ich komme *gleich/sofort.*
Ich rufe Sie *gleich* noch einmal an.
Ich bin *gerade/soeben* angekommen.
(gerade/soeben etw. getan haben)
Ich hatte Sie *vorhin* angerufen.
Es ist bald Zeit zu gehen.
Er/Sie ist … abgereist.
… zwei Tage *später* …
… *kurz danach* …
Er/Sie hat mich … angerufen.
… zwei Tage *vorher* …
… *kurz vorher* …

Hasta hoy día no he encontrado vivienda todavía.
A partir de ahora voy a dejar de fumar.

Aquel día no estuve en casa.
En aquel momento llegó la policía.
Primero vi la tele.
Luego leí el periódico.

Finalmente me fui a la cama.
Es *tarde / muy tarde / demasiado tarde.*
Llegas *temprano / muy temprano / demasiado temprano.*

Voy *enseguida.*
Le llamaré otra vez *más tarde.*
Acabo de llegar.
(acabar de hacer a/c)
Le había llamado *hace poco.*
Ya va siendo hora de ir.
Salió …
… dos días *después / más tarde.*
…*un poco más tarde.*
Me llamó …
… dos días *antes.*
… *un poco antes.*

25.2 HÄUFIGKEITSANGABEN

Ich lese *oft/immer/regelmäßig/selten* die Zeitung.
Manchmal lese ich eine Zeitschrift.
Ich gehe … aus.
… *jeden Tag* …
… *jeden Samstag* …
… *jedes Wochenende* …
… *jede Woche* …
Der Bus fährt …
… *alle 10 Minuten.*
… *jede Viertelstunde.*

Leo el periódico *frecuentemente/siempre/ regularmente/raramente.*
A veces leo una revista.
Salgo …
… *todos los días.*
… *todos los sábados.*
… *todos los fines de semana.*
… *todas las semanas.*
El autobús sale …
… *cada 10 minutos.*
… *cada 15 minutos.*

Ich gehe *alle zwei Tage* aus.	Salgo *cada dos días.*
Ich gehe *alle zwei Wochen* ins Kino.	Voy al cine *cada dos semanas.*
Ich gehe … ins Kino.	Voy al cine …
… *einmal in der Woche* …	… *una vez a la semana.*
… *zweimal im Monat* …	… *dos veces al mes.*
… *viermal im Jahr* …	… *cuatro veces al año.*

25.3 ORTSANGABEN

Ortsangaben mit Präposition

Das Fernsehprogramm ist …	El programa de televisión está …
… *in* der Küche.	… *en* la cocina.
… *auf* dem Tisch.	… *sobre* la mesa.
… *unter* der Zeitung.	… *debajo del* periódico.
(unter)	(debajo de)
Es gibt eine Telefonzelle …	Hay una cabina telefónica …
… *vor* der Post.	… *delante de* Correos.
… *hinter* dem Museum.	… *detrás del* museo.
(hinter)	(detrás de)
… *gegenüber* der Kirche.	… *enfrente de* la iglesia.
… *neben* der Bushaltestelle.	… *al lado de* la parada de autobuses.
… *auf der anderen Straßenseite.*	… *al otro lado de la calle.*
… *auf* dem Platz.	… *en* la plaza.
… *mitten auf* dem Platz.	… *en el centro de* la plaza.
Viele Leute standen *um* die verletzte Frau *herum.*	Había mucha gente *alrededor de* la mujer herida.
Ich wohne …	Vivo …
… *in der Nähe des Bahnhofs.*	… *cerca de la estación.*
… *ganz nahe am Bahnhof.*	… *muy cerca de la estación.*
… *weit vom Bahnhof entfernt.*	… *lejos de la estación.*
… *zwei km vom Bahnhof entfernt.*	… *a dos kilómetros de la estación.*
… *500 m vom Bahnhof entfernt.*	… *a quinientos metros de la estación.*
Ich warte … auf dich / auf Sie.	Te/Le espero …
… *an* der Post …	… *en* Correos.
… *auf* der Straße …	… *en* la calle.
… *an der Straßenecke* …	… *en* la esquina.
… *auf* dem Marktplatz …	… *en* la plaza.
Um vier Uhr bin ich *zu Hause.*	A las cuatro estaré *en casa.*

Ich fahre …	Voy …
… *nach* Málaga.	… *a* Málaga.
… *ins* Baskenland.	… *al* País Vasco.
… *nach* Italien.	… *a* Italia.
… *ans Meer.*	… *al mar.*
… *in die Berge.*	… *a la montaña.*
… *an die Küste.*	… *a la costa.*
… *nach Südspanien.*	…*al sur de España.*
… *zu meiner Tante.*	… *a casa de mi tía.*
Ich wohne in einer Kleinstadt …	Vivo en una ciudad pequeña …
… *nördlich von* Frankfurt.	… *al norte de* Frankfurt.
… *südlich von* Magdeburg.	… *al sur de* Magdeburg.
… *östlich von* Köln.	… *al este de* Colonia.
… *westlich von* Dresden.	… *al oeste de* Dresden.
Er/Sie wohnt …	Vive …
… *in Norddeutschland.*	… *en el norte de Alemania.*
… *in Südengland.*	…*en el sur de Inglaterra.*
… *im Osten Frankreichs.*	… *en el este de Francia.*
… *im Westen Belgiens.*	… *en el oeste de Bélgica.*

Weitere Ortsangaben

Wo ist das Fernsehprogramm?	¿Dónde está el programa de televisión?
Ich habe es *überall* gesucht.	Lo he buscado *por todas partes.*
– Es liegt *da hinten*, auf dem Tisch.	– *Allí* está, sobre la mesa.

25.4 MENGENANGABEN

Ich habe *wenig / ein wenig / viel / zu viel / genug* gegessen.	He comido *poco / un poco / mucho / demasiado / bastante.*
Ich habe *alles* gegessen.	Lo he comido *todo.*
Ich habe *fast* alles gegessen.	He comido *casi* todo.
Ich habe *ungefähr* zwei Flaschen Coca-Cola getrunken.	He bebido *aproximadamente* dos botellas de coca-cola.
Ich trinke *(sehr) wenig* Kaffee.	Bebo *(muy) poco* café.
Ich nehme *etwas / ein wenig* Milch.	Tomo *un poco de* leche.
Ich kenne *viele* Leute.	Conozco a *mucha* gente.
Ich kenne *sehr viele* Spanier.	Conozco a *muchísimos* españoles.
Ich habe *zu viel* Kaffee getrunken.	He bebido *demasiado* café.
Ich habe *genug* Fleisch gegessen.	He comido *bastante* carne.

Wie viele Bücher hast du?	*¿Cuántos* libros tienes?
Ich habe *nur* 10 Bücher.	Tengo *sólo* 10 libros.
Die meisten Spanier trinken Wein.	*La mayoría de* los españoles beben vino.
Die Mehrheit/Mehrzahl der Spanier verbringen ihre Ferien in ihrem Land.	*La mayoría de* los españoles pasan sus vacaciones en su país.
Die Hälfte der Leute waren Ausländer.	*La mitad de* la gente era extranjera.
Ich verbringe *die meiste* Zeit / *den größten Teil* meiner Zeit mit Lesen.	Paso *la mayor parte de* mi tiempo leyendo.

25.5 DER VERGLEICH

Sie wohnt in *derselben* Straße *wie* ich.	Vive en *la misma* calle *que* yo.
Sie ist *älter als* ich.	Tiene *más años que* yo.
Sie ist *nicht so* sportlich *wie* ich.	*No* es *tan* deportiva *como* yo.
Sie ist *genauso* groß *wie* ich.	Es *tan* alta *como* yo.
Sie arbeitet …	Trabaja …
… *mehr als* ich.	… *más que* yo.
… *weniger als* ich.	… *menos que* yo.
… *genauso viel wie* ich.	… *tanto como* yo.
Sie hat …	Tiene …
… *mehr* CDs *als* ich.	… *más CD que* yo.
… *weniger* CDs *als* ich.	… *menos CD que* yo.
… *genauso viele* CDs *wie* ich.	… *tantos CD como* yo.

25.6 DIE FARBEN

Welche Farbe hat dein Pulli?	*¿De qué color* es tu jersey?
Sie trägt ein … T-Shirt.	Lleva una camiseta …
… *weißes* …	… *blanca.*
… *schwarzes* …	… *negra.*
… *rotes* …	… *roja.*
… *grünes* …	… *verde.*
… *blaues* …	… *azul.*
… *gelbes* …	… *amarilla.*
… *braunes* …	… *marrón.*
… *graues* …	… *gris.*

25.7 DIE MASSE

Wie lang ist dieses Auto?	*¿Cuánto mide* este coche?
– Es ist *4,50 m lang.*	– Tiene *cuatro metros y medio de largo.*
Wie breit ist diese Garage?	*¿Cuánto mide* este garaje *de ancho?*
– Sie ist *3 m breit.*	– Tiene *tres metros de ancho.*
Wie hoch ist dieser Berg?	*¿Cuál es la altitud de* este monte?
– Er ist *2 000 m hoch.*	– Tiene *dos mil metros de altitud.*

25.8 KONJUNKTIONEN

Als ich in Madrid war, habe ich meinen Fotoapparat verloren.	*Cuando* estuve en Madrid perdí mi cámara.
Wenn du zurückkommst, ist alles fertig.	*Cuando* vuelvas todo estará listo.
(wenn, dann wenn (zeitlich))	(cuando + subjuntivo)
Ich komme morgen, *wenn* du einverstanden bist.	Te voy a ver mañana *si* estás de acuerdo.
(wenn, falls (Bedingung))	(si)
Ich kann nicht kommen, *weil* mein Rad defekt ist.	No puedo ir *porque* mi bici está averiada.
Da ich kein Geld habe, kann ich nicht nach Madrid fahren.	*Como* no tengo dinero no puedo ir a Madrid.
Da du *ja* keine Zeit hast, können wir morgen nicht Tennis spielen.	*Ya que* tú no tienes tiempo no podemos jugar al tenis mañana.
Während ich auf den Bus wartete, hat jemand meine Tasche gestohlen.	*Mientras* esperaba al autobús alguien me robó mi bolso.
Seitdem er keinen Alkohol mehr trinkt, geht es ihm besser.	*Desde que* ya no bebe alcohol está mejor.
Nachdem ich gegessen hatte, bin *ich* ausgegangen.	*Después de comer* salí.
Nachdem es angefangen hatte zu regnen, sind wir nach Hause zurückgekehrt.	*Después de que* empezó a llover volvimos a casa.
Rufe mich an, *bevor* du kommst.	Llámame *antes de* venir.
Rufe Rafael an, *bevor* es zu spät ist.	Llama a Rafael *antes de que* sea tarde.
Rufe mich an, *damit* ich weiß, dass du gut angekommen bist.	Llámame *para que* sepa que has llegado bien.
(damit)	(para que + subjuntivo)

Er hat mich nicht angerufen, *obwohl* ich ihn darum gebeten hatte.
(obwohl)

No me ha llamado *aunque* se lo había pedido.
(aunque + indicativo)

Selbst wenn wir uns beeilen, werden wir den Bus nicht mehr kriegen.
(selbst wenn)

Aunque nos demos prisa no cogeremos el autobús.
(aunque + subjuntivo)

Soweit ich weiß, ist alles in Ordnug.
(soweit)

A lo que sepa todo está bien.
(a lo que + subjuntivo)

ANHANG

DEUTSCH-SPANISCHES WÖRTERVERZEICHNIS

Das Wörtertverzeichnis bezieht sich auf die kursiv gedruckten Wörter und Ausdrücke des Lernwörterbuchs. Die zu einem Stichwort gehörenden Ziffern bezeichnen die Seiten, auf denen das Stichwort in wichtigen Ausdrücken verwendet wird.

A

abbauen - etw. ~ *Arbeitsplätze* suprimir a/c 104
abbiegen girar 41
Abend 1. la tarde / la noche 8, 119 2. toda la tarde/noche
Ablauf 119; **abends** por la tarde/noche 119; **guten** ~ buenas tardes 7
Abendessen la cena 19, 22
aber pero 51
abfahren salir 21
abheben - etw. ~ *Geld* sacar a/c 43
abholen - etw. ~ recoger a/c 50; **jdn** ~ (ir a) buscar a alg. 62, 71
Abitur el bachillerato 92; **das** ~ **machen** terminar/hacer el bachillerato 92, 100
ablehnen - es ~, **etw. zu tun** negarse a hacer a/c 109; **etw./jdn** ~ rechazar a/c / a alg. 109
abschaffen - etw. ~ suprimir a/c 104

abschalten - etw. ~ apagar a/c 31, 36
Abschleppdienst la grúa 62
abschleppen - etw. ~ remolcar a/c 63
Abschleppwagen la grúa 63
Abteil el compartimiento 65
achten - auf etw. ~ tener cuidado con a/c 85
Achtung! ¡Cuidado! 85
Adresse la dirección 44
Aerobic el aerobic 32
Afrika África 115
Afrikaner/in el africano / la africana 116
afrikanisch africano/africana 116
aktuell actual 107
akzeptieren - etw./jdn ~ aceptar a/c / a alg. 18, 109
Alkohol el alcohol 119
alle 1. todos/todas 123 2. todo el mundo 70
allein solo/sola 9, 79
allergisch - gegen etw. ~ **sein** ser alérgico/alérgica a a/c 112

alles todo 125; **für** ~ por todo 9
allgemein general 103 ; **im Allgemeinen** normalmente 22
als cuando *conj.* 127
alt 1. viejo/vieja 12, 34 2. **10 Jahre** ~ **sein** tener 10 años 12
Alter la edad 12
Amerika América 115
Amerikaner/in el americano / la americana 116
amerikanisch americano/americana 116
Ampel el semáforo 41
amüsieren - sich ~ divertirse 10
anbauen - etw. ~ cultivar a/c 105
andere/r/s otro/otra 49; **etwas anderes** otra cosa 49, 51
ändern - sich ~ cambiar 103
Anfang - ~ **Mai** a principios de mayo 120, 122
anfangen empezar 92
Anfänger/in el/la principiante 94

angeben - jdm etw. ~ indicar a/c a alg. 73

angenehm agradable 71

Angenehm! ¡Encantado!/ ¡Encantada! 8

Angestellter/ -e un empleado/una empleada 101

Angst el miedo 82; ~ **haben, etw. zu tun** 1. tener miedo de (hacer) a/c 82 2. temer a/c 82

anhalten - jdn ~ parar a alg. 61; ~ / **stehen bleiben** pararse 61

Anhalter - per ~ **fahren** ir a dedo / ir en autoestop 67

ankommen llegar a 41, 64

Ankunft la llegada

anmachen - etw. ~ encender a/c 19

annehmen - etw. ~ aceptar a/c 50

anprobieren - etw. ~ probar a/c 49

Anrufbeantworter el contestador automático 75

anrufen - jdn ~ 1. llamar a alg. 63, 68, 75; **jdn noch einmal** ~ llamar a alg. otra vez 77

Anschluss(-Zug) un enlace 63

Ansicht la idea 81

Anstecknadel el distintivo 33

anstrengend duro/dura 95

Antwort la respuesta 73

antworten - jdm / auf etw. ~ contestar a a/c / a alg. 71

Anzeige el anuncio 32

anziehen - etw. ~ ponerse a/c 50

Apartment el apartamento 35

Apfel la manzana 47

Apotheke la farmacia 48

Apparat - Foto ~ la cámera 50; am ~ *Telefon* dígame76

Appetit el apetito 55; **guten** ~ que aproveche 52

April abril 120

arabisch árabe 116

Arbeit el trabajo; 102, 103

arbeiten trabajar 102

Arbeiter/in 1. el obrero / la obrera 101 2. **Sozial**~ el/la asistente social 101

arbeitslos - ~ **sein** estar en paro 79, 104

Arbeitslosigkeit el paro 82, 104

Arbeitsplatz el puesto de trabajo 104

Arbeitsstätte el trabajo 102

Arbeitsstelle el trabajo 104

Arbeitszeit - eine (un)regelmäßige ~ un tiempo de trabajo (ir)regular 102

Arbeitszimmer el cuarto de trabajo 36

Architekt/in el arquitecto / la arquitecta 101

Ärger el problema 17

Arm el brazo 57

arm probre 79

Artikel el artículo 31

Arzt/Ärztin el médico / la médica 56, 101

Asien Asia 115

atomar nuclear 110

auch también 45

auf sobre 125

Aufenthalt la estancia 68

Aufführung *Theater* la función 29

aufgeben - jdn/etw. ~ abandonar a/c / a alg. 105

aufhören terminar 92 ; ~, **etw. zu tun** dejar de hacer a/c 30

aufnehmen - jdn ~ acoger a alg. 96 ; **etw.** ~ *Sprache/Musik* grabar a/c 27, 30

aufpassen - auf etw. ~ tener cuidado con a/c 63, 85; **auf jdn** ~ cuidar a alg. 20

aufräumen - etw. ~ arreglar a/c 19

aufschreiben - etw. ~ poner a/c 54

aufstehen levantarse 21

Aufzug el ascensor 36

Auge el ojo 78

Augenblick - im ~ de momento 122, 123 2. **einen** ~ un momento 76

August agosto 120

Ausbildung el aprentizaje 98; **Ausbildungsplatz** el puesto de aprentizaje 98

ausdrücken - etw. ~ expresar a/c 81

Ausflug la excursión 32

ausfüllen - etw. ~ rellenar a/c 43

Ausgang la salida 61

ausgeben - etw. ~ gastar a/c 48

ausgehen salir 17

Auskommen - sein gutes ~ **haben** arreglarselas bien para vivir 79

Auskunft - jdm ~ **geben** informar a alg. 74

Ausland el extranjero 99
Ausländer/in el extranjero / la extranjera 108
ausleihen - (sich) etw. ~
1. alquilar a/c 30 2. coger prestado a/c de alg. 31
ausmachen - etw. ~ apagar a/c 20
ausnutzen - etw. ~ aprovechar a/c 32
ausruhen - sich ~ descansar 22
ausrichten - jdm etw. ~ dejar un recado a alg. 77
ausschalten - etw. ~ apagar a/c 27, 30
Außenbezirk el barrio periférico 34
Aussicht la vista 112
aussprechen - etw. ~ pronunciar a/c 11
ausstehen - etw. nicht ~ können no aguantar a/c 112
aussteigen - aus etw. ~ bajar de a/c 59
Ausstellung la exposición 28, 39
Austausch el intercambio 96
Austauschpartner/in el compañero / la compañera 96
ausziehen - etw. ~ quitarse a/c 50
Auszubildender/-e el aprendiz / la aprendiza 99
Auto el coche 61 **mit dem ~** en coche 21, 58, 61
Autobahn la autopista 58
Autoindustrie la industria del automóvil 104

Automat - Fahrkartenautomat el vendedor automático de billetes 60

B

Babysitting - ~ machen hacer de canguro 20
Bäcker/in el panadero / la panadera 99
Bäckerei la panadería 48
baden bañarse 68, 112
Bad(ezimmer) el cuarto de baño, el baño 35, 43
Badminton el bádminton 26
Baguette la barra 45
Bahnhof la estación (de ferrocarril) 39
Bahnsteig el andén 64
bald - es ist ~ Zeit ya va siendo hora 123; **bis ~** hasta pronto 10
Balkon el balcón 35
Banane el plátano 47
Bank el banco 39, 102
Bankrott - ~ machen quebrar 104
Basketball el baloncesto 26
Basteln el bricolaje 32
Batterie la pila 50
Bau la construcción 105
Bauch el vientre 56
bauen - etw. ~ construir a/c 34, 105
Bauer/Bäuerin el campesino / la campesina 105
Bauernhof la granja 105
Baum el árbol 112
Beamter/Beamtin el funcionario / la funcionaria 102

bedauern - etw. ~ lamentar a/c 83, 89
bedienen - sich ~ servirse 52
Bedingung la condición 102
beeilen - sich ~ darse prisa 85
befinden - sich ~ estar 41
begehen - ein Verbrechen ~ cometer un crimen 107
beginnen empezar 29, 69
begleiten - jdn ~ acompañar a alg. 84
behandeln - jdn ~ tratar a alg. de 18
bei - ~ jdm en casa de 9, 66, 67
Bein la pierna 57
Beispiel - zum ~ por ejemplo 106
bekannt conocido/conocida 67
bekommen - etw. ~ (von jdm) recibir a/c (de alg.) 20, 24, 37, 70
Belgien Bélgica 114
Belgier/in el/la belga 115
bellen ladrar 112
bemerken - etw. ~ darse cuenta de a/c 80
benötigen - etw. ~ necesitar a/c 73
benutzen - etw. ~ usar a/c 88
Bereich el sector 104
bereit - ~ sein estar listo/lista 52
Berg la montaña 66, 69, 124; el monte 111
Beruf 1. el oficio 98 2. la profesión 101

beruflich - was machen Sie ~ ? ¿en qué trabaja usted? 101

berühmt famoso/famosa 39

beschließen - ~, etw. zu tun decidir hacer a/c 99

beschränken - etw. ~ limitar a/c 58

besetzt ocupado/ocupada 64

besichtigen - etw. ~ visitar a/c 111

besitzen - etw. ~ tener a/c 79

besonders mucho 27; **nicht ~** no … mucho 49

besorgt preocupado/preocupada 82

besser 1. mejor 95, 103 **es ist ~** es mejor 88; **es wäre ~** sería mejor 88 **sich verbessern** mejorar 103

Besserung - gute ~ ! ¡Que te mejores! ¡Que se mejore! 10

bestellen - etw. ~ pedir a/c 54

bestimmt seguro 91

bestrafen - jdn ~ castigar a alg. 107

Besuch 1. la visita 24 2. la estancia 76 **jdm einen ~ abstatten** hacer una visita a alg. 24; **~ haben** tener visita(s) 24

besuchen - jdn ~ 1. ir a ver a alg. 24 2. venir a ver a alg. 24 3. visitar a alg. 24 4. hacer una visita a alg. 24

betreten - etw. ~ entrar en a/c 36

Betrieb la empresa 104

Bett la cama 19, 37; **ins ~ gehen** acostarse 22 **im ~ bleiben** quedarse en la cama 56

beunruhigt preocupado/preocupada 82

bevor 1. antes de + *inf.* 127 2. antes de que + *subj.* 127

bezahlen - (jdm) etw. ~ pagar a/c (a alg.) 20, 50; **eine gut/schlecht bezahlte Arbeit** un trabajo bien/mal pagado 103

Bibliothek la biblioteca 38

Bier la cerveza 46

Bild *Gemälde* el cuadro 28

billig barato/barata 45; **billiger** más barato/barata 46

Biologie la biología 94

Birne la pera 47

bis hasta 121; **~ jetzt** hasta ahora 122

bitte *(Antwort auf „Danke")* de nada 9

bitten - jdn um etw. ~ pedir a/c a alg. 18; **jdn ~, etw. zu tun** rogar a alg. que + *subj.* 84

blau azul 78, 126

bleiben quedarse 8; **~ Sie am Apparat!** ¡espere un momento! 77

blond rubio/rubia 78

Blume la flor 112

Blumenkohl la coliflor 47

Bluse la blusa 48

Bohnen - grüne ~ las judías verdes 47

boshaft malo/mala 79

Boutique la tienda de moda 48

Braten el asado 47

brauchen - etw./jdn ~ necesitar a/c 73; **eine Stunde ~** tardar una hora 58, 94

braun marrón 126

brechen - sich etw. ~ romperse a/c a alg. 57; **gebrochen** roto/rota 57

breit ancho/ancha 127; **wie ~ ist …?** ¿Cuánto mide … de ancho? 127

bremsen frenar 63

Brief la carta 43

Briefmarke el sello 33, 43

Brille las gafas 78; **Sonnenbrille** las gafas de sol 78

bringen - jdm etw. ~ traer a/c a alg. 53

Brot el pan 45; **eine Scheibe ~** una rebanada de pan 45

Brötchen el panecillo 52

Brücke el puente 41

Bruder el hermano 16

Buch el libro 31

Buchhandlung la librería 48

buchstabieren - etw. ~ deletrear a/c 11, 77

Bundeswehr - zur ~ gehen hacer la mili 100

Burg el castillo 111

Büro 1. el despacho 77 2. la oficina 102

Bus el autobús 21, 58; **mit dem ~** en autobús 67

Bushaltestelle la parada de autobuses 21, 59

Butter la mantequilla 46

C

campen ir de camping 67
Campingplatz el camping 42
CD el CD 27; **CD-Player** el compact 27, 37
Chef/in el jefe / la jefa 86
Chemie la química 94
chemisch químico/química 104
Comic el cómic 31
Computer el ordenador 32
~geschäft la tienda de informática 48
Cornflakes los copos de maíz tostados 53
Cousin/Cousine el primo / la prima 16

D

da ~ hinten allí 125
da como *conj.* 127; **da ja** ya que 127
Dach el tejado 35
Dame la señora 13
damit *Konj.* para que + *subj.* 127
danach luego 123; **kurz ~** un poco más tarde 123
Däne/Dänin el danés / la danesa 115
Dänemark Dinamarca 114
dänisch danés 116
Dank - vielen ~ muchas gracias 9
dankbar - ich wäre ihnen ~ für les agradecería que + *subj.* 72
danke gracias 9

danken - jdm (für etw.) ~ agradecer a/c a alg. 9, 71
dann luego 41, 123
dasselbe lo mismo 106
dauern durar 69, 93
davon de eso 90; **was halten Sie ~?** ¿qué piensa usted de eso? 90
defekt - ~ sein estar roto/rota 62
Demonstration la manifestación 108
demonstrieren - gegen/für etw. ~ manifestarse en contra/en favor de a/c 108
denken - an etw. / an jdn ~ pensar en a/c / en alg. 80
Denkmal el monumento 39
der-/ die-/ dasselbe el mismo / la misma/ lo mismo 126
deshalb por eso 76
deutsch 1. el alemán 10 2. alemán/alemana 115
Deutscher/Deutsche el alemán / la alemana 8, 115
Deutschland Alemania 38, 114
Dezember diciembre 120
dick gordo/gorda 78
dickköpfig cabezudo/cabezuda 79
Dieb el ladrón 107
Diebstahl el robo 107
Dienstag el martes 118
Diskothek la discoteca 18
Diskussion la discusión 17
diskutieren - über etw. ~ discutir de a/c 17
doch sí 52
Donnerstag el jueves 118

Dorf 1. el pueblo 34; 2. la aldea 34, 111
dort(hin) allí 87; **dort ist/sind** allí está(n) 13
Dose la lata 46
Dozent/in el/la profe 95
Drogen la droga 109; **~ nehmen** tomar drogas 109
Drogenabhängiger/-e el drogadicto / la drogadicta 109
drücken - auf etw. ~ pulsar a/c 20
Drucker la impresora 32; **Tintenstrahl~** la impresora de inyección de tinta 32; **Laser ~** la impresora láser 32
dumm estupido/estupida 80
dunkel - es ist ~ oscuro/oscura 113
dunkelhaarig moreno/morena 78
durchführen - etw. ~ organizar a/c 97
dürfen - etw. tun ~ 1. poder hacer a/c 18, 86 2. dejar a alg. hacer a/c 86; **etw. nicht tun ~** 1. no dejar a alg. hacer a/c 86
Durst la sed 51; **~ haben** tener sed 51
Dusche la ducha 43

E

Ecke la esquina 124
eher más bien 91
Ei el huevo 46, 53
Eile - in aller ~ de prisa 21
einbrechen - in etw. ~ entrar a robar 107

Einbrecher el ladrón 107
einfach fácil 88
Einfluss la influencia 79
Eingang la entrada 61
Einkäufe la compra 19, 45
einkaufen ir de compras 19, 45
Einkaufszentrum el centro comercial 87
einladen - jdn ~ invitar a alg. 24
Einladung la invitación 24
einlegen - etw. ~ poner a/c 27
einschalten - etw. ~ 1. poner a/c 27, 30, 31 2. encender a/c 36
einsteigen - in etw. ~ subir a a/c 59
eintreten entrar 36
Eintritt la entrada 28
Eintrittskarte la entrada 29
einverstanden de acuerdo 87
Einwanderer/-in el/la inmigrante 108
Einwohner el/la habitante 38
elegant elegante 78
Elektriker/in el/la electricista 101
elektronisch electrónico/electrónica 104
Eltern los padres 16
Empfang la recepción 97
empfangen - jdn ~ acoger a alg. 96
empfehlen - etw. ~ recommendar a/c 53
Ende - am ~ 1. al terminar 2. a fines de 121 3. a finales de 123; **zu ~ sein** terminar 28

enden terminar 28, 69, 92
eng estrecho/estrecha 49
engagieren - sich für etw. ~ comprometerse en a/c 110
England Inglaterra 114
Engländer/in el inglés / la inglesa 115
englisch inglés 10, 67, 115
entfernt - (weit) entfernt 1. lejos de 124 2. a … metros de … 124
entlassen - jdn ~ despedir a alg. 104
Entschuldigung! 1. ¡perdón! 9 2. ¡perdona! ¡perdone! 9, 41, 77
entsetzlich - etw. ~ finden parecer horroroso/horrorosa a alg. 30
entwerten *Fahrkarte* cancelar a/c 59, 64
entwickeln - etw. ~ *Film* revelar a/c 50
Erbsen los guisantes 47
Erdbeere la fresa 47
Erdgeschoss la planta baja 35
Erdkunde la geografía 93
Erfahrung la experiencia 72
erfreut - sehr ~ ! ¡encantado/encantada! 8
erhalten - etw. ~ recibir a/c 20, 37, 70
erinnern - sich an etw. / an jdn ~ acordarse de a/c / de alg. 72, 81
erkälten - sich ~ coger un resfriado 55; **erkältet sein** estar resfriado/resfriada 55
erklären - (jdm) etw. ~ explicar a/c (a alg.) 94

Erklärung la explicación 88
erlauben - jdm ~, etw. zu tun permitir a alg. que + *subj.* 18, 86
Erlaubnis el permiso 18, 86
jdm die ~ geben, etw. zu tun dar permiso a alg. para hacer a/c
Ermäßigung el precio especial 29
ernst serio/seria 79
erste/r/s primer(o)/primera 35
ertragen - etw./jdn ~ aguantar a/c / a alg. 17
Erwachsener/Erwachsene el adulto / la adulta 14
erzählen - (jdm) etw. ~ contar a/c (a alg.) 91
erzeugen - etw. ~ *Strom* producir a/c 105
essen - etw. ~ comer a/c 21, 53; **zu Mittag ~** comer a mediodia 21; **zu Abend ~** cenar 22
Esszimmer el comedor 35
etwa unos/unas 107
etwas 1. algo 51 2. un poco (de) 54, 125
Europa Europa 114, 115
Europäer/in el europeo / la europea 116
europäisch europeo/europea 116

F

Fabrik la fábrica 102
Fach - Unterrichtsfach la asignatura 93

fähig capaz 80
fahren 1. *Verkehrsmittel* ir en 21 2. *los-/weg-/abfahren* salir 61, 63, 67 3. *Richtung* ir a 61, 63, 67 4. *Auto fahren* conducir 61; **jdn (hin)fahren** llevar a alg. 62; **~ über** *Ort* ir via 61
Fahrer el conductor 63
Fahrkarte el billete 59, 64 – **~ nautomat** el vendedor/expendedor automático de billetes 60
einfache Fahrt la ida 64; **Rückfahrkarte** la ida y vuelta 64
Fahrplan el horario 64
Fahrrad la bici(cleta) 59
Fahrt el trayecto 58
fallen 1. caer 57 2. *Preis* bajar 46
falsch - etwas ~ finden parecer un error a alg. 90
Familie la familia 15
Farbe el color 49, 126
fast casi 125
Fax el fax 37
faxen - jdm etw. durchfaxen mandar a/c a alg. por fax 37
Faxgerät el fax 37
Februar febrero 120
Fehler el error 54
Fenster 1. la ventana 36 2. *Zug* la ventanilla 65 **am ~** en la ventanilla 64
Ferien las vaccaciones 66, 69, 71
Ferienhaus el chalé 67
Ferienwohnung el apartamento 67
Fernbedienung el telemando 30

Fernsehen la tele(vision) 29, 30; **fernsehen** ver la tele 29
Fernseher la tele 30, 37
fertig - ~ sein estar listo/lista 52
festnehmen - jdn ~ detener a alg. 107
Fete la fiesta 24
Fieber la fiebre 55, 56
Film la película 28, 29, 50
finden 1. opinar 90 2. parecer a alg. 90, 91
Firma la empresa 76, 102, 104
Fisch *Lebensmittel* 1. el pescado 47 2. el pez 111
flämisch flamenco 115
Flasche la botella 46
Fleisch la carne 47
Fließband - am ~ arbeiten trabajar en la cadena 102
Flöte la flauta 27
Flugzeug el avión; **mit dem ~** en avion 67, 96
Fluss el río 109, 111
folgen - einer Sache / jdm ~ seguir a/c / a alg. 88
folgende/r/s siguiente 122
Forelle la trucha 47
Formular el formulario 43
Fortgeschrittener/-e el avanzado / la avanzada 94
Fortschritt el progreso 67, 97
Foto la foto 16, 32 2. **ein ~ machen** sacar una foto 32
Fotoapparat la cámera 33, 44
Fotograf/in el fotógrafo / la fotógrafa 98, 101
fotografieren hacer fotos 32
Fotokopie la fotocopia 86

Frage la pregunta 86
fragen - jdn ~ preguntar a alg. 14, 18, 86
Frankreich Francia 114
Franzose/Französin el francés / la francesa 115
französisch 1. el francés 10 2. francés/francesa 115
Frau 1. la mujer 13 2. **Frau Pérez** la señora Pérez 13
frei libre 18, 42, 64; **~ haben** *Schule* no tener clase 92
Freiheit la libertad 17
Freitag el viernes 118
Freizeit el tiempo libre 25; **in meiner ~** en mi tiempo libre 25
Freizeitbeschäftigung el pasatiempo 25
Freizeitpark el parque de atracciones 38
Freizeitzentrum el centro de ocio 26
Fremdenverkehrs- turístico/turística 67
Fremdenverkehrsort el centro turístico 67
freuen - ich würde mich ~, wenn … me alegraría si 74, 89; **ich freue mich sehr über etw.** me alegro mucho con a/c 70, 82 **ich freue mich sehr etw. zu tun** tengo mucha ilusión de hacer a/c 89
Freund/in 1. el amigo / la amiga 9, 23
Freundschaft - aus ~ zu dir porque eres amigo mío 23
Friseur/Friseuse el peluquero / la peluquera 101

froh - ich bin ~, dass … estoy contento/contenta de que + *subj.* … 89
fröhlich alegre 82
früh temprano 123
Frühjahr la primavera 120
Frühstück el desayuno 19, 43, 52
frühstücken desayunar 21, 52
fühlen - sich ~ sentirse 55, 79
führen llevar a/c 79
Führerschein el carné de conducir 91
Führung *Besichtigung* la visita guiada 42
Fundbüro la oficina de objetos perdidos 44
funktionieren funcionar 20
für por 9
fürchten - sich vor etw. ~ temer a/c 82
Fuß el pie 57; **zu ~** ir andando 21, 59
Fußball el fútbol 26
Fußballplatz el campo de fútbol 26
Fußgängerzone la zona peatonal 39

G

Gabel el tenedor 54
Gameshow el concurso 29
ganz (und gar) absolutamente 111
Garage el garaje 34, 61
Garten el jardín 32, 34

Gastarbeiter el trabajador inmigrante 108
Gebäude el edificio 34, 39
geben - jdm etw. ~ dar a/c a alg. 20
geboren - ich bin ~ nací 12, 123
Geburtstag el cumpleaños 13
Gedanke la idea 80
Gefahr el peligro 109
gefährlich peligroso/peligrosa 109
gefallen gustar a alg. 27, 49, 68, 71
Gefälligkeit - jdn um eine ~ bitten pedir un servicio a alg. 71
Gefängnis la cárcel 107
Geflügel la volatería 47
Gefühl el sentimiento 81
gegen 1. contra 40 2. *ungefähr um* sobre 121
Gegend la región 8, 71, 113
gegenüber en frente de 125
Gehalt el sueldo 20
gehen 1. ir 21, 28 2. andar 57; **wie geht's?** ¿Qué tal? 7; **es geht mir nicht gut** no estoy bien 7, 55; **es geht mir besser** estoy mejor 7, 56
gehorchen - jdm ~ obedecer a alg. 18
Geige el violín 27
gelb amarillo/amarilla 126
Geld el dinero 20, 43; **Kleingeld** la moneda suelta 84;
Geldschein el billete 44;
Geldstück la moneda 43
Geldbeutel el monadero 44

Gelegenheit la oportunidad 87
gemeinsam junto 24
Gemüse las verduras 47
genau preciso/precisa 76
genauso - das ist ~ 1. es igual 2. es lo mismo 106
genug bastante 95, 125
genügen - das genügt está bien así 51
Gepäck el equipaje 65
geradeaus todo recto 41
Gerät el aparato 104
gern(e) 1. con mucho gusto 51, 84 **~ etw. tun** gustar a alg. hacer a/c 27, 30, 89; **ich hätte ~ etw.** déme … por favor 45
Geschäft la tienda 48
Geschenk el regalo 9, 13
Geschichte la historia 93
geschieden divorciado/divorciada 15, 16, 78
Geschirr - ~ spülen fregar los platos 19
Geschirrspüler el lavaplatos 19
Geschwindigkeit la velocidad 58
Geschwister los hermanos 16
Gesellschaft la sociedad 106
Gesicht la cara 57, 78
Gespräch la conversacíon 17
gestatten - jdm ~, etw. zu tun permitir a alg. que + *subj.* 86
gestern ayer 119
gestorben - jd ist ~ murió 13
Gesundheit la salud 55
Getränk la bebida 46

Getreideflocken los copos de cereales 53
getrennt separado/separada 16
Gewalt la violencia 107
gewaltig enorme 105
gewalttätig violento/violenta 108
Gewalttat el acto de violencia 107
gewinnen - etw. ~ ganar a/c 40
Gewohnheit - die ~ **haben, etw. zu tun** soler hacer a/c 22
gewöhnt - daran ~ **sein, etw. zu tun** estar acostumbrado/acostumbrada a hacer a/c 22
Gitarre; la guitarra 28; ~ **spielen** tocar la guitarra 28
Glas el vaso 53; ~ **Marmelade** el tarro de mermelada 46
glauben - etw. ~ creer a/c 90
gleich *adv.* 1. enseguida 123 2. más tarde 123; **bis** ~ hasta luego 10
Glück 1. la dicha 82 2. la suerte 10, 57; **zum** ~ por suerte 63
glücklich - ~ **über etw.** 1. contento/contenta de a/c 71 2. feliz por a/c 82
Glückwunsch felicidades 10
Grad - es ist 25° C hace 25 grados 113
Gramm - ein ~ un gramo 46
grau gris 126
Grieche/Griechin el griego / la griega 116
Griechenland Grecia 114
griechisch griego/griega 116

Grippe la gripe 55
groß 1. gran(de) 34, 106 2. alto/alta 78
Großbritannien Gran Bretaña 114
Größe - Kleidergröße la talla 48
Großeltern los abuelos 16
Großvater/Großmutter el abuelo / la abuela 16
grün verde 126
Gruppe el grupo 27
Gruß - viele Grüße, freundliche Grüße un abrazo (fuerte) 71; **herzliche Grüße** cordiales saludos 72
grüßen - grüß dich! ¡Hola! 7
gut 1. bueno/buena *adj.* 81, 102 2. bien *adv.* 7, 90, 93, 103
Gymnasium el instituto 99

H

Haare el pelo 78, 112
haben tener 22
Hähnchen el pollo 47
halb medio/media 117
halbtags - ~ **arbeiten** trabajar media jornada 102
Hälfte la mitad 126
hallo! ¡Hola! 7
Hals la garganta 56
halten - etw. ~ tener a/c 84; ~ **/ stehen bleiben** pararse 61; **von etw. / von jdm etw.** ~ pensar de a/c / de alg. 90
Haltestelle la parada 21; **Bushaltestelle** la parada de autobuses 21, 59

Hamburger la hamburguesa 53
Hamster el hámster 113
Hand la mano 57
Handel el comercio 103
hart 1. duro/dura 102, 107
hassen - jdn/etw. ~ odiar a/c / a alg. 83
Hauptstadt la capital 114
Haus la casa 34; **zu Hause** en casa 125; **nach Hause kommen** volver a casa 21, 93; **Einfamilienhaus** el chalé 34
Hausaufgaben los deberes 21, 94
Haushalt los quehaceres domésticos 19
Haushaltshilfe la empleada del hogar 19
heiraten casarse 15
heißen llamarse 7; **was heißt das?** 1. ¿Cómo se dice …? 11 2. ¿Qué es eso? 11
Heizung la calefacción 35, 36
helfen - jdm ~**, etw. zu tun** ayudar a alg. a hacer a/c 19
Hemd la camisa 48
Herbst el otoño 120
Herd la cocina **Elektro** ~ la cocina eléctrica **Gas** ~ la cocina de gas 19
Herr el señor 13
herstellen - etw. ~ fabricar a/c 104
Herstellung 1. la fabricación 105
heute hoy 119, 123
hier aquí 122; ~ **ist/sind** aquí está(n) 13
Himbeere la frambuesa 47
Himmel el cielo 113

jetzt ahora 122; **bis ~** hasta ahora 122
Joghurt el yogur 46, 53
Journalist/in el/la periodista 98, 101
Judo el judo 25
Jugend la juventud 12
Jugendherberge el albergue juvenil 9, 67
Jugendlicher/-e el/la joven 14;
die Jugendlichen los jóvenes 14
Juli julio 120
jung joven 12
Junge 1. el niño 15 2. el chico 13
Juni junio 120

K

Kabine el probador 49
Kaffee el café 46
Kakao el chocolate 46
Kalbfleisch la carne de ternera 47
kalt frío/fría 65; **es ist ~** hace frío 65, 113
kämpfen - für/gegen etw. ~ luchar por/contra a/c 109
Kanada Canadá 114
Kanadier/in el/la canadiense 116
Kantine la cantina 21
Karotten las zanahorias 47
Karte la carta 53
Kartoffeln las patatas 47
Käse el queso 46, 52, 53
Kasse la caja 50
Kassette la casete 27

Kassettenrekorder el casete 27, 37
Katze el gato 112
kaufen - etw. ~ comprar a/c 45; **sich etw. ~ / leisten** comprarse a/c 20
Kaufhaus los grandes almacenes 48
Keller el sótano 36
kennen - etw./jdn ~ conocer a/c / a alg. 8, 13, 23, 29, 80
kennenlernen - jdn ~ conocer a alg. 23
Kenntnis el conocimiento 67, 80
Kernkraftwerk la central nuclear 105
Ketchup el ketchup 53
Kilo el kilo 46
Kilometer el kilómetro 42
Kind el hijo 13, 15
Kindergarten la guardería 92
Kindheit - in meiner ~ cuando niño/niña 12
Kino el cine 28
Kiosk el quiosco 48
Kirche la iglesia 39
Kirschen las cerezas 47
Klasse el curso 92
Klassenarbeit el examen 93
Klassenraum la aula 94
klassisch clásico/clásica 26
Klavier el piano 27
Kleid el vestido 48
Kleidergröße - welche ~ haben Sie? ¿qué talla tiene usted? 48
Kleidung la ropa 48
klein 1. pequeño/pequeña 34, 49 1. *Person* bajo/baja 78

Kleinstadt la ciudad pequeña 34
klingeln llamar 36
Klub el club 26
Kneipe el bar 21
Knopf - auf den ~ drücken pulsar el interruptor 20
kochen cocinar 19
Koffer la maleta 65
Kollege/Kollegin el compañero / la compañera 23
komisch gracioso/graciosa 78
kommen aus ser de 8
kompetent competente 95
können - etw. tun ~ 1. poder hacer a/c 84 2. *Fähigkeit* saber hacer a/c 26, 95
Kontakt el contacto 17, 40
Kontinent el continente 116
Konto la cuenta 20 **Sparkonto** la cuenta de ahorros 20; **Bankkonto** la cuenta bancaria 20; **Girokonto** la cuenta corriente 20
kontrollieren - etw./jdn ~ controlar a/c 18
Konzert el concierto 27, 39
Kopf la cabeza 56, 57
kosten costar 45; **wie viel kostet …?** ¿cuánto cuesta …? 29, 43, 45
kostenlos gratis 28
Kostenvoranschlag el presupuesto 76
Kotelett la chuleta 47
Krabben las gambas 47
krank enfermo/enferma 55
Krankenhaus el hospital 39
Krankenschwester la enfermera 101

mitten in - ~ der Natur en medio de la naturaleza 111
Mitternacht las doce de la noche 117, 118
Mittwoch el miércoles 118
Modebranche la moda 99
Modedesigner/in el desiñador / la desiñadora de modas 99, 101
modern moderno/moderna 28, 34, 78, 79
Modeschöpfer/in el creador / la creadora de modas 99
modisch 78 de moda
mögen - etw. ~ gustar a/c a alg. 26; **etw. sehr gern ~** gustar mucho a/c a alg.; **ich möchte gern etw. tun** me gustaría hacer a/c 74; **etw. lieber ~** preferir a/c 51; **etw. gar nicht ~** no gustar nada a/c a alg. 112
möglich posible 40; **so schnell wie ~** cuanto antes 84
Möglichkeit la posibilidad 40
Möhren las zanahorias 47
Monat el mes 12, 120
Mond la luna 113
Montag el lunes 118
Mord el asesinato 107
Mörder el asesino 107
morgen mañana 119
Morgen la mañana 118, 119; **am nächsten ~** la mañana siguiente 122
Motor el motor 62
Motorrad la moto 59
MTA el/la ATS 102

müde cansado/cansada 21, 55
Mühe - ~ haben, etw. zu tun costar a alg. hacer a/c 95
Museum el museo 38
Musik la música 26, 94
musikalisch – ~ sein tener talento musical 81
Müsli el musli 53
müssen - etw. tun ~ tener que hacer a/c 56, 85
Mut – den ~ haben etw. zu tun atreverse a hacer a/c 83
mutig valiente 79
Mutter la madre 15

N

nach 1. *Zeitpunkt* después de 122; 2. *Zeitraum* dentro de 99, después de 122
Nachbar/in el vecino / la vecina 13
nachdem 1. después que 127 2. después de + *inf.* 127
nachdenken - über etw. ~ reflexionar sobre a/c 80
Nachmittag la tarde 118, 119
nachmittags por la tarde 118, 119
Nachricht el mensaje 75; **eine ~ hinterlassen** dejar un mensaje 75; **die Nachrichten** las noticias 29
nächste/r/s 1. próximo/próxima 59, 64; 2. *Entfernung* más cerca 44; 3. **~ Woche** la semana que viene 119
Nacht la noche 67
Nachtisch el postre 52

Nähe - in der ~ (von) cerca (de) 38, 41, 42, 124
Name el nombre 7
Namenstag el santo 24
national nacional 106
Natur la naturaleza 110, 111
natürlich 1. natural 79, 2. claro *adv.* 84; 3. normal 111
neben al lado de 124
Nebenkosten *Miete* los gastos adicionales 35
Neffe el sobrino 16
nehmen *Einkauf* etw. ~ quedarse con a/c 49
nein no 9
nennen - etw. ~ comunicar a/c 73
nett 1. amable 9, 70, 79; 2. agradable 70
neu nuevo/nueva 33, 105
neugierig curioso/curiosa 79
nicht no 86, 109; **noch ~** todavía no 109; **~ mehr** ya no überhaupt ~ no … nada 27
Nichte la sobrina 16
nichts no … nada 86
nie(mals) nunca 119
niedrig bajo/baja 46, 103
niemand no … nadie 86
Niveau el nivel 95
noch más 51
Norden el norte 8, 38, 39, 125
nördlich - ~ von al norte de 8, 125
Nordsee el mar del Norte 66
Norwegen Noruega 114
Norweger/in el noruego / la noruega 116
norwegisch noruego/noruega 116
Note la nota 93

Schinken el jamón 47, 52

schlafen dormir 55

Schlafzimmer el dormitorio 35

Schlagzeug la batería 27

schlecht 1. malo/mala 81, 102 2. mal *adv.* 49, 103; **schlechter** peor 103

schließen - etw. ~ cerrar a/c 65; **etw. abschließen** cerrar a/c con llave 36

schließlich finalmente 123

schlimm 1. malo/mala 55 2. grave 57; **immer schlimmer werden** ir agravándose 109

Schloss el palacio 111

Schlüssel la llave 36

schmecken - etw. schmeckt gut a/c está bueno/buena 52

Schmerz el dolor 57; **Schmerzen haben** doler 56; **Kopfschmerzen haben** doler la cabeza 56; **die Kopfschmerzen** el dolor de cabeza 56

schmutzig sucio/sucia 19, 35

Schnee la nieve 113

schneien nevar 113

schnell 1. rápido/rápida 60 2. rápido *adv.* 61, 95

Schnitte *Brot* la rebanada de pan 52

schön 1. hermoso/hermosa 78 2. bonito/bonita 111; **schönes Wochenende** buen fin de semana 10

schon ya 113

Schrank el armario 37

schrecklich terrible 36

schreiben - etw. ~ escribir a/c 11

Schreibtisch el escritorio 37

Schuhe los zapatos *pl.* 49, 78

Schuhgeschäft la zapatería 48

Schuhgröße - ~ 40 haben calzar un 40 49

Schule la escuela 28, 92

Schüler/in el escolar, el alumno / la alumna 95, 96

Schuljahr el curso 120

Schutz la protección 110

schützen - etw./jdn ~ proteger a/c / a alg. 110

schwach débil 56

Schwager/Schwägerin el cuñado / la cuñada 16

schwarz negro/negra 126

Schwede/in el sueco / la sueca 116

Schweden Suecia 114

schwedisch sueco/sueca 116

Schweinefleisch la carne de cerdo 47

Schweiz Suiza 114

Schweizer/in el suizo / la suiza 115

schwer difícil 40

Schwester la hermana 16

Schwiegereltern los suegros 16

Schwiegervater/Schwiegermutter el suegro / la suegra 16

Schwimmbad la piscina 26, 38

schwimmen nadar 25, 26

See el lago 111

Segeln *Sportart* (el deporte de) la vela 68; **segeln** practicar la vela 68

sehen - etw./jdn ~ ver a/c / a alg. 30

Sehenswürdigkeiten los monumentos 39

sehr muy 7

sein 1. ser 7 2. estar 8

seit desde 122; **~ drei Tagen** desde hace tres días 71

seitdem *conj.* desde que 127

Seite el lado 124

Seite *Buch* la página 31

Sekretärin la secretaria 101

selbst wenn aunque + *subj.* 128

Selbstbedienungsrestaurant el autoservicio 21, 53

selten raramente 20, 123

Sendung *Fernsehen* la emisión, el programa 29

September septiembre 120

Sessel el sillón 37

setzen - etw. ~ poner a/c 36; **sich (hin)setzen** sentarse 37

Sherry el jerez 46

sicher 1. seguro/segura 83 2. seguro que *adv.* 91 3. asegurado/asegurada 103

singen cantar 27

Situation la situación 82

Sitzung la reunión 77

Skateboard el monopatín 26

Ski ~ laufen esquiar 26

so *auf diese Weise* así 88

soeben - ~ etw. getan haben acabar de hacer a/c 123

Sofa el sofá 36

sofort enseguida 63, 123

Sohn el hijo 15

sollen - etw. tun ~ deber hacer a/c 87
Sommer el verano 120
Sonne el sol 113
Sonntag el domingo 118
sonst si no 85
Sorge - sich Sorgen machen um preocuparse (por) 82
soweit *Konj.* a lo que + *subj.* 128
sozial social 81, 106
Sozialarbeiter/in el/la asistente social 101
Spanien España 114
Spanier/in el español / la española 8, 115
spanisch español/española 10, 115
sparen - etw. ~ ahorrar a/c 20
spät tarde 123; **zu** ~ demasiado tarde 123; **zu** ~ **kommen** llegar con retraso 85; **später** 1. después 123 2. más tarde 123
spazieren gehen pasear 111
Spaziergang el paseo 111
Speisekarte la carta 53
Speisewagen el coche restaurante 65
Spiel 1. el juego 26 2. el partido 40, 97
spielen jugar 26; *eine Sportart* ~ jugar a a/c 26; *ein Musikinstrument* ~ tocar a/c 28
Sport el deporte 25
sportlich deportivo/deportiva 81
Sportplatz el campo de deportes 38

Sportschuhe los zapatos deportivos 78
Sportteil *Zeitung* el deporte 32
Sportveranstaltung la competición deportiva 40
Sportzentrum el polideportivo 26, 38
Sprache la lengua 10
sprechen - mit jdm (über etw.) ~ hablar con alg. (de a/c) 17; **mit wem spreche ich?** *Telefon* ¿con quién hablo? 76; **er/sie spricht gerade** *Telefon* tiene la línea ocupada 77
Staatsangehörigkeit la nacionalidad 8
Stadion el estadio 38
Stadt la ciudad 38, 39, 40
Stadthalle el auditorio municipal 38
Stadtpark el parque 39
Stadtplan el plano de la ciudad 39, 42
Stadtrand las afueras 34
Stadtteil/Stadtviertel el barrio 38
Stadtzentrum el centro 34, 39
Station la estación 59; **U-Bahn-Station** la estación de metro 59
stattfinden tener lugar 29
Stau el atasco 58
Staub saugen pasar la aspiradora 19
Steak el bistec 47, 54
stehen - etw. steht mir sehr gut a/c me queda muy bien 49

stehlen - etw. ~ robar a/c 44, 107
steigen - in etw. einsteigen subir a a/c 59
steigen *Preis* subir 46
Stelle - ich an deiner ~ yo que tú 88
stellen - etw. hinein ~ meter a/c 19 **etw. hin** ~ poner a/c 36
Stereoanlage el equipo estéreo 27, 37
Stern la estrella 113
Steuern los impuestos 103
Stille el silencio 111
stimmen - das stimmt es verdad 90
Stock(werk) la planta 35
stolz - ~ auf orgulloso/orgullosa de 79
stören - jdn ~ molestar a alg. 9
Straftat el delito 107
Strand la playa 68
Straße la calle 58; **Landstraße** la carretera 58; **Nationalstraße** la (carretera) nacional 61
Straßenbahn el tranvía 59
Strecke el trayecto 58
Streik la huelga 103
streiken estar en huelga 103
Streit la pelea 17
streiten - sich ~ pelearse 16, 30
streng severo/severa 79
Strom *Elektrizität* la electricidad 105
Stück ein 2-Euro-~ una moneda de dos euros 43

Treppe la escalera 36
trinken - etw. ~ beber a/c 51
trotz a pesar de 55
trotzdem a pesar de eso 76
tschüs! hasta luego 9
T-Shirt la camiseta 48
tun - etw. ~ hacer a/c 18; **was kann ich für Sie** ~ **?** ¿en qué puedo servirle? 76
Tür la puerta 36, 65; **Haustür** la puerta de la casa 36
Türke/Türkin el turco / la turca 116
Türkei Turquía 114
türkisch turco/turca 116
Turnhalle el gimnasio 38
Turnier el torneo 40
Turnschuhe las zapatillas de tenis 49

U

U-Bahn el metro 59
übel - mir ist ~ me siento mal 56
überall por todas partes 125
überfallen - jdn ~ asaltar a alg. 107
überholen - etw./jdn ~ adelantar a a/c/a alg. 61
übernachten pasar la noche 67
überqueren - etw. ~ pasar por a/c 42
überrascht - (über etw.) ~ sorprendido/sorprendida (de a/c) 82
übersetzen - etw. ~ traducir a/c 11

überweisen *Geld* transferir (dinero) 20
Uhr(zeit) la hora 117, 121
um ... herum alrededor de 124
um zu para 21
Umgebung los alrededores *pl.* 111
umsteigen cambiar (de tren) 60, 63; **das ist ohne Umsteigen** es directo 60
umtauschen - etw. ~ cambiar a/c 43
Umwelt el medio ambiente 109
Umweltschutz la protección del medio ambiente 110
unbedingt sin falta 87
Unfall el accidente 63
ungefähr aproximadamente 125
Unglück la desgracia 82
unglücklich- ~ sein ser infeliz 82
unglücklicherweise *leider* por desgracia 63, 71
Universität la universidad 93
unmöglich imposible 40
unnütz inútil 85
Unrecht - ~ haben estar equivocado/equivocada 90
unregelmäßig irregular 102
unten - nach ~ fahren bajar 36
unter debajo de 124
untergebracht - ~ sein vivir 9
Unternehmen la empresa 105
Unterricht la clase 92, 93, 94

unterscheiden - sich von jdm / von etw. ~ diferenciarse de alg./de a/c 108
Unterschied la diferencia 108
unterschreiben - etw. ~ firmar a/c 43
untersuchen - etw./jdn ~ examinar a/c/ a alg. 57
unverheiratet soltero/soltera 78
unzufrieden - mit etw. ~ **sein** no estar contento/contenta con a/c 82
Ursache - keine ~ *(Reaktion auf „Danke")* de nada 9
USA - die ~ los Estados Unidos 115

V

Vater el padre 15
verabreden - mit jdm verabredet sein tener una cita con alg. 24
veranstalten - etw. ~ organizar a/c 39, 97
Veranstaltung 1. la actividad 39 2. el acto 40
verantwortlich - (für etw.) ~ responsable (de a/c) 79, 109
verbessern - etw. ~ mejorar a/c 67; **sich** ~ mejorar 103
verbieten - jdm ~**, etw. zu tun** prohibir a alg. hacer a/c 86 **es ist verboten, etw. zu tun** está prohibido hacer a/c 86
verbinden *Telefon* poner a alg. con alg. 76, 77

**Verbindung - die (Telefon-)
Verbindung ist schlecht** la comunicación está mal 77
Verbrechen el crimen 107
Verbrecher el criminal 107
verbringen *Zeit* pasar 66
verdienen - etw. ~ ganar a/c 20, 103
vereinbaren concertar a/c 76, 91
vergessen - etw. ~ olvidar a/c 80
verhaften - jdn ~ detener a alg. 107
Verhältnis las relaciones *pl.* 16
verheiratet casado/casada 15, 78
verhören - jdn ~ interrogar a alg. 107
verkaufen - etw. ~ vender a/c 105
Verkäufer/in el vendedor / la vendedora 101
Verkehr el tráfico 58
Verkehrsamt la oficina de turismo 39
verlagern - etw. ~ *Firma* trasladar a/c 104
verlassen - etw./jdn ~ 1. salir de a/c 21 2. abandonar a/c/a alg. 105
verletzen - sich ~ herirse 57; **verletzt** herido/herida 57; **Verletzter/-e** el herido / la herida 63
verlieben - sich in jdn ~ enamorarse de alg. 81; **verliebt** enamorado/enamorada 16
verlieren - etw. ~ perder a/c 40, 44

vermindern - etw. ~ reducir a/c 110
Vermischtes *Zeitung* la miscelánea 32
verpassen - etw. ~ perder a/c 85
verschlechtern - sich ~ empeorar 103
verschlimmern - sich ~ empeorar 103
verschmutzt contaminado/contaminada 109
Verschmutzung la contaminación 109; **Umweltverschmutzung** la contaminación del medio ambiente 109
verschreiben - etw. ~ recetar a/c 57
Verspätung el retraso 64
versprechen - jdm ~, **etw. zu tun** prometer a alg. hacer a/c 85
verständlich - sich ~ **machen** comunicarse 97
verstehen - etw./jdn ~ entender/comprender a/c/ a alg. 10, 80, 97; **sich gut mit jdm** ~ entenderse bien con alg. 16
versuchen - ~, etw. zu tun tratar de hacer a/c 77, 108
Vertrag el contrato 102; **Zeitvertrag** el contrato de trabajo temporal 102
vertrauen - jdm ~ tener confianza en alg. 17
verurteilen - jdn ~ condenar a alg. 107
verwählen - sich ~ *Telefon* marcar mal 75
Verzeichnis la lista 42

verzweifelt - über etw. ~ desesperado/desesperada por a/c 82
Videokamera la videocámera 33
Videokassette la cinta de vídeo 30
Videorekorder el vídeo 27, 30, 37
Videospiel el videojuego 26
Videothek el videoclub 30
viel/e mucho/mucha (de) 14, 103, 125; **zu** ~ demasiado/demasiada 94, 95, 125; **sehr viele** *Personen* muchisimos/muchisimas 125; **genauso viel wie** tanto como 126
vielleicht a lo mejor 91
Viertel el cuarto 117
Vogel el pájaro 112
Volk el pueblo 116
Volkshochschule el centro de formación de adultos 93
voll - ~ von lleno/llena de 40
Volleyball el voleibol 26
von - ~ ... an a partir de 121, 123; **von ... bis** de ... a 118, 119, 120
vor 1. *örtl.* delante de 124 2. *Zeitpunkt* antes de 122 3. *Zeitraum* hace 70, 121
vorangehend antes 122
vorbereiten - etw. ~ preparar a/c 19, 93
vorher antes123
vorhin hace poco 123
Vormittag la mañana 102, 119 **vormittags** por la mañana 91
Vorname el nombre 7

vorschlagen - jdm etw. ~ proponer a/c a alg. 87

Vorsicht! ¡cuidado! 85

Vorspeise el primer plato 54

vorstellen - jdn ~ presentar a alg. 8

Vorstellung 1. *Kino* la sesión 29 2. *Theater* la función 29, 39

Vorteil la ventaja 40

Vorurteil el prejuicio 108

vorwerfen - jdm ~, etw. zu tun reprochar a alg. que + *subj.* 18

Vorwurf el reproche 18

W

Wagen el coche 67

wählen - etw. ~ / auswählen escoger a/c 53

wahr – es ist ~ es verdad 90

während 1. durante 121 2. mientras *conj.* 127

Wahrheit la verdad 17

Wald el bosque 111

wandern dar caminatas 32

Wanderung la excursión a pie 68; **Bergwanderung** la excursión en la montaña 69

wann? ¿cuando? 122

warm – es ist ~ hace calor 65, 113

warten - auf etw. / auf jdn ~ esperar a a/c/a alg. 59

warum ¿por qué? 86

was? ¿qué? 13, 86

Wäsche la ropa 19

waschen - etw. ~ lavar a/c 19

Waschmaschine la lavadora 19

Wasser el agua *f.* 109

Wasserski *Sportart* el esquí acuático 68

wechseln - 50 Euros ~ cambiar 50 euros 43

wegen por 56

weh - ~ tun doler 56

Wehrdienst la mili 100

weigern - sich ~, etw. zu tun negarse a hacer a/c 108

Weihnachten navidad 10

weil porque 127

Wein el vino 46; **~ anbauen** cultivar vino 105

weinen llorar 82

Weise - auf diese ~ así 88

weiß blanco/blanca 48, 126

weit - ~ weg lejos *adv.* 41, 42; **weit** *breit* ancho/ancha 49

weiterfahren seguir 62

weitergehen seguir (andando) 42

weiterhelfen - jdm ~ ayudar a alg. 62

welche/r/s? ¿qué? 61

Wellensittich el periquito 112

Welt el mundo 106

wenden - sich an jdn ~ dirigirse a alg. 88

wenig poco 125; **zu ~** muy poco/poca 95

weniger menos 126

wenn 1. *zeitl.* cuando + *subj.* 127 2. *falls* si 127

wer? ¿quién? 13

Werbung la publicidad 30

werden ser 99

Werkstatt - Reparaturwerkstatt el taller 63

Westen el oeste *m.* 38, 39; **in Westdeutschland** en Alemania del oeste 38

westlich - ~ von al oeste de 8, 125

Wetter el tiempo 113

Wettkampf la competición deportiva 97

wichtig importante 15, 79

wie? cómo? 7; **~ lange?** cuánto tiempo? 8

wie viel? ¿cuánto? 29, 50, 126

wiedergeben - jdm etw. ~ devolver a/c a alg. 84

wiederholen - etw. ~ repetir a/c 11

wiederkommen volver 68; **zum Arzt ~** volver al médico 57

wiedersehen - jdn ~ volver a ver a alg. 71; **auf Wiedersehen** adiós 9

willkommen bienvenido/bienvenida 8

Wind el viento 113

Winter el invierno 120

Wintersport - in den ~ fahren ir a esquiar 26, 67; **Wintersportort** el centro de deporte de invierno 67

wirklich es verdad que *adv.* 88

wirksam eficaz 110

Wirtschaft la economía 103

wirtschaftlich económico/económica 103

wissen - etw. ~ saber a/c 80

wo? ¿dónde? 8

Woche la semana 25, 102, 119, 120, 122, 123
Wochenende el fin de semana 25
woher? ¿de dónde? 8
wohnen vivir 9, 34
Wohnung el piso 35
Wohnzimmer el salón 35
wollen - etw. tun ~ querer hacer a/c 90 - **~ dass** querer que + *subj.* 85
Wort la palabra 11
Wörterbuch el diccionario 37
wünschen - etw. ~ desear a/c 88
Wurst el salchichón 52
wütend - ~ sein auf jdn tener rabia a alg. 83;
~ werden ponerse furioso/furiosa 17, 83

Z

Zahlstelle el peaje 58
Zahn el diente; **Backen~** la muela 56
Zahnarzt el dentista 56
Zeichentrickfilm el dibujo animado 28
zeichnen dibujar 32
zeigen - jdm etw. ~ enseñar a/c a alg. 49, 96; **zeig mir mal!** ¡déjame ver! 85
Zeit el tiempo 24; **zur ~** actualmente 122
Zeitpunkt la fecha 76
Zeitraum el periodo 73
Zeitschrift la revista 31
Zeitung el periódico 31

Zelt la tienda 67
Zentrum el centro 34, 39; **Kulturzentrum** el centro cultural 38; **Jugendzentrum** el centro juvenil 38
Zeugnis el boletín 93
ziemlich bastante 35, 103
Zimmer 1. la habitación 19, 35, 36, 42; 2. **Schlafzimmer** el dormitorio 35; 3. **Wohnzimmer** el salón 35 **Esszimmer** el comedor 35
Zitronenlimonade la limonada 46
Zivildienst el servicio civil 100
zubereiten - etw. ~ preparar a/c 19
Zucker el azúcar 51
zuerst primero 123
zufrieden - mit etw. ~ contento/contenta con a/c 20, 81
Zug el tren 59, 67
Zukunft el futuro 80
zunächst primero 123
zunehmen aumentar 107
zurück - ~ sein estar de vuelta 68
zurückbringen - jdn ~ llevar a alg. (a casa) 62
zurückgeben - jdm etw. ~ devolver a/c a alg. 84
zurückkehren volver 68
zurückweisen - etw./jdn ~ rechazar a/c / a alg. 108
zusammenstoßen - mit etw. ~ chocar con a/c 63
Zuschlag el suplemento 64
Zustand la condición 34

zustande kommen realizarse 95
zwischen entre 121

SPANISCH-DEUTSCHES WÖRTERVERZEICHNIS

Das Wörterverzeichnis bezieht sich auf die kursiv gedruckten Wörter und Ausdrücke des Lernwörterbuchs. Die zu einem Stichwort gehörenden Ziffern bezeichnen die Seiten, auf denen das Stichwort in wichtigen Ausdrücken verwendet wird.

A

a finales de am Ende 123

a fines de am Ende 121

a lo mejor vielleicht 91

a lo que soweit *Konj.* 128

a partir de von … an 121, 123

a pesar de trotz 55; **~ de eso** trotzdem 76

abandonar a/c / a alg. etw./jdn aufgeben, jdn verlassen 105

un **(fuerte) abrazo** freundliche Grüße 71

el **abrigo** Mantel 48, 78

abril April 120

abrir a/c etw. öffnen 65

absolutamente ganz (und gar) 111

el **abuelo / la abuela** Großvater/Großmutter 16; **los abuelos** Großeltern 16

aburrido/aburrida langweilig 95

aburrirse sich langweilen 83

acabar de hacer a/c soeben etw. getan haben 123

el **accidente** Unfall 63

aceptar a/c etw. annehmen 50; **~ a/c / a alg.** etw./jdn akzeptieren 18, 109

acoger a alg. jdn aufnehmen, jdn empfangen 96

acompañar a alg. jdn begleiten 84

aconsejar a alg. jdm raten 87

acordarse de a/c / de alg. sich an etw. / an jdn erinnern 72, 81

acostarse ins Bett gehen 22

acostumbrado/acostumbrada gewöhnt 22

la **actividad cultural** kulturelle Veranstaltung 39

el **acto de violencia** Gewalttat 107

el **actor / la actriz** Schauspieler/in 29

actual aktuell 107

actualmente zur Zeit 122

adelantar a a/c / a alg. etw./jdn überholen 61

adiós auf Wiedersehen 9

el **adulto / la adulta** Erwachsener/Erwachsene 14

el **aerobic** Aerobic 32

la **afición** Hobby 25

África Afrika 115

africano/africana afrikanisch 116; **el africano / la africana** Afrikaner/in 116

las **afueras** Stadtrand 34

agosto August 120

agradable nett, angenehm 70, 71

agradecer a/c a alg. jdm (für etw.) danken 9, 71

agrario/agraria landwirtschaftlich 105

el **agricultor** Landwirt 105

la **agricultura** Landwirtschaft 102, 105

el **agua** *f.* Wasser 46, 109; **el ~ mineral** Mineralwasser 46

aguantar a/c / a alg. etw./jdn ertragen 17; **no ~ a/c** etw. nicht ausstehen können 112

ahora jetzt 122

ahorrar a/c etw. sparen 20

el **aire** Luft 109
al lado de neben 124
al terminar am Ende 121
el **albergue** - **el ~ juvenil** Jugendherberge 9, 67
el **alcohol** Alkohol 119
la **aldea** Dorf 34, 111
alegrarse sich freuen 74, 89, 70, 82
alegre fröhlich, lustig 82
alemán/alemana deutsch 10, 115; **el alemán / la alemana** Deutscher/Deutsche 8, 115
Alemania Deutschland 38, 114
alérgico/alérgica allergisch; **ser ~ a a/c** gegen etw. allergisch sein 112
algo etwas 51
alguien jemand 62
los **alimentos** Lebensmittel 46
allí 1. dort(hin) 87 2. da (hinten) 125
alquilar a/c 1. (sich) etw. ausleihen 30 2. etw. mieten 67
el **alquiler** Miete 35
alrededor de um … herum 124
los **alrededores** pl. Umgebung 111
la **altitud** Höhe 69, 127
alto/alta 1. laut 11, 27 2. groß 78 3. hoch 111
el **alumno / la alumna** Schüler/in 96

amable nett, freundlich 9, 70, 79
amarillo/amarilla gelb 126
la **ambulancia** Krankenwagen 63
América Amerika 115
la **americana** Jacke 48
americano/americana amerikanisch 116; **el americano / la americana** Amerikaner/in 116
el **amigo / la amiga** Freund/in 9, 23
el **amor** Liebe 81
ancho breit 127
ancho/ancha weit, breit 49
las **anchoas** Sardellen 47
andar gehen 57
el **andén** Bahnsteig 64
el **animal** Tier 112
el **año** Jahr 12, 113
antes bevor 127; **antes de** 1. vor *Zeitpunkt* 122 2. vorangehend 122; vorher 123
el **anuncio** Anzeige 32
apagar a/c 1. etw. ausmachen 20 2. etw. abschalten 31, 36 3. etw. ausschalten 27, 30
el **aparato** Gerät 104
el **aparcamiento** Parkplatz 62
aparcar parken 61, 62
el **apartamento** 1. Apartment 35 2. Ferienwohnung 67
el **apetito** Appetit 55

aprender a/c etw. lernen 94
el **aprendiz / la aprendiza** Auszubildender/-e 99
el **aprentizaje** Ausbildung, Lehre 98; **el puesto de ~** Ausbildungsplatz 98
aprovechar a/c 1. etw. nutzen 32 2. etw. ausnutzen 32; **que aproveche** guten Appetit 52
aproximadamente ungefähr 125
aquí hier 13, 122
árabe arabisch 116
el **árbol** Baum 112
el **armario** Schrank 37
el **arquitecto / la arquitecta** Architekt/in 101
arreglar a/c 1. etw. aufräumen 19 2. etw. instand setzen 35; **arreglárselas bien para vivir** sein gutes Auskommen haben 79
el **arroz** Reis 46
el **arte** Kunst 28
el **artículo** Artikel 31
el **asado** Braten 47
asaltar a alg. jdn überfallen 107
el **ascensor** Aufzug 36
asegurado/asegurada gesichert 103
el **asesinato** Mord 107
el **asesino** Mörder 107
así so, auf diese Weise 88
Asia Asien 115

la **asignatura** Unterrichtsfach 93

el **asistente social** Sozialarbeiter/in 101

el **atasco** Stau 58

atreverse a hacer a/c den Mut haben etw. zu tun 83

la **ATS** MTA 102

el **atún** Thunfisch 47

el **auditorio municipal** Stadthalle 38

el **aula** *f.* Klassenraum 94

aumentar zunehmen 107

aunque obwohl 128; ~ + *subj.* selbst wenn 128

Austria Österreich 114

el **austríaco** / la **austríaca** Österreicher/in 115

el **autobús** Bus 21, 58

el **autoestop - ir en** ~ per Anhalter fahren 67

el **automóvil** Automobil 104

la **autopista** Autobahn 58

el **autoservicio** Selbstbedienungsrestaurant 21, 53

el **avanzado** / la **avanzada** Fortgeschrittener/-e 94

avergonzarse por a/c sich wegen etw. schämen 83

el **avión** Flugzeug 67, 96

ayer gestern 119

ayudar a alg. 1. jdm helfen 19 2. jdm weiterhelfen 62

el **ayuntamiento** Rathaus 39

el **azúcar** Zucker 51

azul blau 78, 126

B

el **bachillerato** Abitur 92; **terminar/hacer el** ~ das Abitur machen 92, 100

el **baile** Tanz 32

bajar 1. fallen *Preis* 46 2. nach unten fahren 36; ~ **de a/c** aus etw. aussteigen 59

bajo/baja 1. leise 27 2. niedrig 46, 103 3. klein *Person* 78

el **balcón** Balkon 35

el **baloncesto** Basketball 26

bañarse baden 68, 112

el **banco** Bank 39, 102

el **baño** Toilette 35; **el cuarto de** ~ Bad(ezimmer) 35, 43

el **bar** Kneipe 21

barato/barata billig 45, 46

el **barco** Schiff 67

la **barra** Baguette 45

el **barrio** Ortsteil, Stadtteil, Stadtviertel 38; **el** ~ **periférico** Außenbezirk 34

bastante 1. ziemlich 35, 103 2. genug 95, 125

la **batería** Schlagzeug 27

beber a/c etw. trinken 51

la **bebida** Getränk 46

el/la **belga** Belgier/in 115

Bélgica Belgien 114

la **bici(cleta)** Fahrrad 21, 26, 59

bien gut *adv.* 7, 90, 93, 103

bienvenido/bienvenida willkommen 8

el **billete** 1. Geldschein 44 2. Fahrkarte 59, 64

la **biología** Biologie 94

el **bistec** Steak 47, 54

blanco/blanca weiß 48, 126

la **blusa** Bluse 48

la **bocadería** Imbissstube 53

el **bocadillo** Sandwich 52

el **boletín** Zeugnis 93

la **bolsa de viaje** Reisetasche 65

el **bolso** Tasche 44

bonito/bonita hübsch, schön 49, 111

el **bosque** Wald 111

la **botella** Flasche 46

el **brazo** Arm 57

el **bricolaje** Basteln 32

bucear tauchen 68

el **buceo** Tauchen *Sportart* 68

bueno/buena gut *adj.* 81, 102

burlarse de alg. / **de a/c** sich über jdn / über etw. lustig machen 83

buscar ~ **a/c** / **a alg.** etw./jdn suchen 36; **ir a** ~ **a/c** etw. holen 36; **(ir a)** ~ **a alg.** jdn abholen 62, 71

C

el **caballo** Pferd 112
la **cabeza** Kopf 56, 57
cabezudo/cabezuda
dickköpfig 79
la **cabina telefónica** Telefonzelle 75
cada jede/r/s 49
la **cadena** 1. Fernsehprogramm 30 2. Fließband 102
caer fallen 57
el **café** Kaffee 46
la **caja** Kasse 50
la **calefacción** Heizung 35, 36
la **calidad** Qualität 49
la **calle** Straße 36, 43, 58
calzar un 40 Schuhgröße 40 haben 49
la **cama** Bett 19, 37; **quedarse en la ~** im Bett bleiben 56
cambiar sich ändern 103; **~ a/c** etw. umtauschen, wechseln 43; **~ de programa** hin und her schalten 30; **~ (de tren)** umsteigen 60, 63
la **cámera** Fotoapparat 33, 44, 50
el **camión** Lastwagen 61
la **camisa** Hemd 48
la **camiseta** T-Shirt 48
el **campesino** / la **campesina** Bauer/Bäuerin 105
el **camping** Campingplatz 42; **ir de ~** campen 67

el **campo** Land *Gegensatz zur Stadt* 34, 66; **~ de fútbol** Fußballplatz 26; **~ de deportes** Sportplatz 38
Canadá Kanada 114
canadiense
Kanadier/in 116
cancelar a/c etw. entwerten *Fahrkarte* 59, 64
la **canción** Lied 27
el **canguro - hacer de canguro** Babysitting machen 20
cansado/cansada
müde 21, 55
el/la **cantante** Sänger/in 27
cantar singen 27
la **cantina** Kantine 21
capaz fähig 80
la **capital** Hauptstadt 114
la **cara** Gesicht 57, 78
la **cárcel** Gefängnis 107
el **cargo** Position *Arbeitsplatz* 79
el **carné de conducir**
Führerschein 91
la **carne** Fleisch 47
el **carnet de identidad**
Personalausweis 43
la **carnicería** Metzgerei 48
caro/cara teuer 45
la **carretera** Landstraße 58
la **carta** 1. Brief 43 2. Speisekarte 53
la **casa** Haus 34; **en ~** zu Hause 125; **en ~ de** bei jdm 9, 66, 67

casado/casada verheiratet 15, 78
casarse heiraten 15
la **casete** Kassette 27; **el ~** Kassettenrekorder 27, 37
casi fast 125
castigar a alg. jdn bestrafen 107
el **castillo** Burg 111
la **cena** Abendessen 19, 22
cenar zu Abend essen 22
la **central nuclear** Kernkraftwerk 105
el **centro** 1. Mitte 124 2. Zentrum, Stadtzentrum 34, 39; **~ cultural** Kulturzentrum 38; **~ juvenil** Jugendzentrum 38 **~ de ocio** Freizeitzentrum 26; **el ~ turístico** Fremdenverkehrsort 67; **el ~ comercial** Einkaufszentrum 87; **el ~ de formación de adultos** Volkshochschule 93
cerca de in der Nähe von 38, 41, 42, 124
el **cerdo** Schwein; **la carne de ~** Schweinefleisch
la **cereza** Kirsche 47
cerrar a/c etw. schließen 65; **~ a/c con llave** etw. abschließen 36
la **cerveza** Bier 46
el **chalé** 1. Ferienhaus 67 2. Einfamilienhaus 34

la **chaqueta** Jacke 48

el **cheque** Scheck 50

la **chica** Mädchen 13

el **chico** Junge 13

chocar con a/c mit etw. zusammenstoßen 63

el **chocolate** Kakao 46

la **chuleta** Kotelett 47

el **cielo** Himmel 113

el **cine** Kino 28

la **cinta de vídeo** Videokassette 30

la **cita** Treffen 76

la **ciudad** Stadt 38, 39, 40

claro natürlich 84

la **clase** Unterricht 92, 93, 94

clásico/clásica klassisch 26

el **coche** Auto, Wagen 21, 58, 61, 67; **el ~ restaurante** Speisewagen 65

la **cocina** 1. Herd 19 2. Küche 35; **la ~ de gas** Gasherd 19; **la ~ eléctrica** Elektroherd 19

cocinar kochen 19

coger prestado a/c de alg. (sich) etw. ausleihen 31

la **col de Bruselas** Rosenkohl 47

la **coliflor** Blumenkohl 47

colleccionar a/c etw. sammeln 33

el **color** Farbe 49, 126

el **comedor** Esszimmer 35

comer a/c etw. essen 21, 53

el **comercio** Handel 103

cometer a/c begehen *ein Verbrechen* 107

la **comida** 1. Mahlzeit 19 2. Mittagessen 19

la **comisaría** Polizeirevier 44

como da 127

¿cómo? wie? 7

cómodo/cómoda praktisch 21

el **compact** CD-Player 27, 37

el **compañero** / la **compañera** 1. Lebenspartner/in 15 2. Kollege/Kollegin 23 3. Austauschpartner/in 96

el **compartimiento** Abteil 65

competente kompetent 95

la **competición deportiva** Wettkampf 97; **las competiciones deportivas** Sportveranstaltung 40

la **compra** Einkäufe 19, 45; **ir de compras** einkaufen 19, 45

comprar a/c etw. kaufen 45; **~ se a/c** sich etw. kaufen / leisten 20

comprender a/c / a alg. etw./jdn verstehen 10, 80, 97

comprometerse en a/c sich für etw. engagieren 110

comunicar a/c etw. nennen 73; **~ se** sich verständlich machen 97

con mit 53

concertar a/c etw. vereinbaren 76, 91; **~ una entrevista** einen Termin vereinbaren 91

el **concierto** Konzert 27, 39

el **concurso** Gameshow 29

condenar a alg. jdn verurteilen 107

la **condición** 1. Zustand 34 2. Bedingung 102

conducir Auto fahren 61

el **conductor** Fahrer 63

el **conejo de indias** Meerschweinchen 112

conocer a/c / a alg. 1. etw./jdn kennen 8, 13, 23, 29, 80 2. jdn kennenlernen 23

conocido/conocida bekannt 67

el **conocimiento** Kenntnis 67, 80

el **consejo** Rat 87

la **construcción** Bau 105

construir a/c etw. bauen 34, 105

el **contacto** Kontakt 17, 40

la **contaminación** Verschmutzung 109; **la ~ del medio ambiente** Umweltverschmutzung 109 contaminado/contaminada verschmutzt 109

contar a/c (a alg.) (jdm) etw. erzählen 91

contento/contenta 1. glücklich 71 2. froh 89; ~ con a/c mit etw. zufrieden 20, 81

el contestador automático Anrufbeantworter 75

contestar a a/c / a alg. auf etw./jdm antworten 71

el continente Kontinent 116

contra gegen 40

el contrato Vertrag 102; el ~ de trabajo temporal Zeitvertrag 102

controlar a/c / a alg. etw./jdn kontrollieren 18

la conversación Gespräch 17

los copos de cereales Getreideflocken 53; ~ de maíz tostados Cornflakes 53

el cordero Lamm 47

cordiales saludos herzliche Grüße 72

correcto richtig 90

Correos(la oficina de) Post(amt) 39

cortés höflich 79

corto/corta kurz 78

la cosa Sache 37; otra ~ etwas anderes 49, 51

la costa Küste 66, 125

costar kosten 45; ~ a alg. hacer a/c Mühe haben, etw. zu tun 95; ~ a alg. unter/an etw. leiden 79

los costes no salariales Lohnnebenkosten 104

el creador / la creadora Schöpfer/in 99

crear a/c etw. schaffen 104

creer a/c etw. glauben 90

el crimen Verbrechen 107

el criminal Verbrecher 107

la criminalidad Kriminalität 106

la crisis Krise 103

la crítica Kritik 18

criticar a/c / a alg. etw./jdn kritisieren 18

el cruasán Hörnchen 45

el cruce Kreuzung 42

el cuadro Bild, Gemälde 28

cuando als 127; ¿ ~ ? wann? 122; ~ + subj. wenn zeitl. 127

cuánto? wie viel? 29, 50, 126; ~ antes so schnell wie möglich 84

el cuarto Viertel 117; ~ de trabajo Arbeitszimmer 36

la cuchara Löffel 54

el cuchillo Messer 54

la cuenta 1. Konto 20 2. Rechnung 54; la ~ de ahorros Sparkonto 20; la ~ bancaria Bank-

konto 20; la ~ corriente Girokonto 20

¡cuidado! Achtung! 85; tener ~ con a/c 1. auf etw. aufpassen 63, 85 2. auf etw. achten 85

cuidar a alg. auf jdn aufpassen 20

cultivar a/c etw. anbauen 105

cultural kulturell 29, 39, 81

el cumpleaños Geburtstag 13

el cuñado / la cuñada Schwager/Schwägerin 16

curioso/curiosa neugierig 79

el cursillo 1. Kurs 68 2. Lehrgang 68

el curso 1. (Schul)Jahr 120 2. Kurs 94 3. Klasse 92

D

danés dänisch 116; el danés / la danesa Däne/Dänin 115

dar a/c etw. geben 52; ~ a/c a alg. jdm etw. geben 20; ~ caminatas wandern 32; ~ se cuenta de a/c etw. bemerken 80; ~ se prisa sich beeilen 85

de ... a von ... bis 118, 119, 120

finalmente schließlich 123

firmar a/c etw. unterschreiben 43

la **física** Physik 93

flaco/flaca mager 78

flamenco/flamenca flämisch 115

la **flauta** Flöte 27

la **flor** Blume 112

el **folleto** Prospekt 72

el **formulario** Formular 43

el **fotógrafo** / la **fotógrafa** Fotograf/in 98, 101

la **frambuesa** Himbeere 47

francés/francesa französisch 10, 115; **el francés / la francesa** Franzose/Französin 115

Francia Frankreich 114

la **frase** Satz 11

frecuentemente oft 123

fregar a/c etw. spülen *Geschirr* 19

frenar bremsen 63

la **fresa** Erdbeere 47

frío/fría kalt 65

la **fruta** Obst 47

la **frutería** Obst- und Gemüsehändler 48

fumar rauchen 109

la **función** Theateraufführung 29, 39

funcionar funktionieren 20

el **funcionario** / la **funcionaria** Beamter/Beamtin 102

furioso/furiosa - ponerse ~ wütend werden 17, 83

el **fútbol** Fußball 26

el **futuro** Zukunft 80

G

las **gafas** Brille 78; **las ~ de sol** Sonnenbrille 78

las **gambas** Krabben 47

ganar a/c 1. etw. verdienen 20, 103 2. etw. gewinnen 40

el **garaje** Garage 34, 61

la **garganta** Hals 56

la **gasolinera** Tankstelle 62

gastar a/c etw. ausgeben 48

los **gastos adicionales** Nebenkosten *Miete* 35

el **gato** Katze 112

general allgemein 103

la **gente** Leute 14

la **geografía** Erdkunde 93

el **gimnasio** Turnhalle 38

girar abbiegen 41

el **gobierno** Regierung 110

gordo/gorda dick 78

grabar a/c etw. aufnehmen *Sprache/Musik* 27, 30

gracias danke 9; **muchas ~** vielen Dank 9

gracioso/graciosa komisch 78

el **grado** Grad 113

el **gramo** Gramm 46

Gran Bretaña Großbritannien 114

gran(de) groß 34, 106; **los grandes almacenes** Kaufhaus 48

la **granja** Bauernhof 105

grave schlimm 57

Grecia Griechenland 114

griego/griega griechisch 116; **el griego / la griega** Grieche/Griechin 116

la **gripe** Grippe 55

gris grau 126

la **grúa** 1. Abschleppdienst 62 2. Abschleppwagen 63

el **grupo** Gruppe 27

guapo/guapa hübsch 78

la **guardería** Kindergarten 92

la **guerra** Krieg 106

los **guisantes** Erbsen 47

la **guitarra** Gitarre 28

gustar a alg. etw. mögen 26, 74; **~ a alg.** jdm gefallen 27, 49, 68, 71; **~ a alg. hacer a/c** etw. gerne tun 27, 30, 89

H

la **habitación** Raum, Zimmer 19, 35, 36, 42; **~ de hotel** Hotelzimmer 72 el/la **habitante** Einwohner/in 38

hablar con alg. (de a/c) mit jdm (über etw.) sprechen 17; **¿con quién hablo?** mit wem spreche ich? *Telefon* 76

hace vor *Zeitraum* 70, 121; ~ **poco** vorhin 123; ~ **calor** es ist warm 65, 113

hacer a/c etw. tun, etw. machen 18; ~ **cerámica** töpfern 32; ~ **falta** nötig sein 77, 85

el **hambre** f. Hunger 52, 107

la **hamburguesa** Hamburger 53

el **hámster** Hamster 113

hasta bis 10, 121; ~ **luego** bis gleich, tschüs! 9, 10; ~ **ahora** bis jetzt 122

herido/ herida verletzt 57; **el herido / la herida** Verletzter/-e 63

herirse sich verletzen 57

la **hermana** Schwester 16

el **hermano** Bruder 16; **los hermanos** Geschwister 16

hermoso/hermosa schön 78

la **hija** Tochter 15

el **hijo** 1. Kind 13, 15 2. Sohn 15

hípico Reiter- 26

la **historia** Geschichte 93

el **hobby** Hobby 25

¡hola! 1. grüß dich! 7 2. hallo! 7

Holanda Holland 115

holandés/holandesa holländisch 116; **el holandés / la holandesa** Holländer/in 115

el **hombre** Mann 13

la **hora** 1. Stunde 22, 94 2. Uhr(zeit) 117, 121

el **horario** 1. Fahrplan 64 2. Stundenplan 93

el **horóscopo** Horoskop 31

horroroso/horrorosa entsetzlich 30

el **hospital** Krankenhaus 39

el **hotel** Hotel 9, 67

hoy heute 119, 123

la **huelga** Streik 103, **estar en ~** streiken 103

el **huevo** Ei 46, 53

I

la **ida** einfache Fahrt 64; **la ~ y vuelta** Rückfahrkarte 64

la **idea** 1. Idee 80 2. Gedanke 80 3. Ansicht 81

la **iglesia** Kirche 39

igual genauso, egal 106

impedir a alg. jdn hindern 113

importante wichtig 15, 79

imposible unmöglich 40

la **impresora** Drucker 32; **la ~ de inyección de tinta** Tintenstrahldrucker 32

los **impuestos** Steuern 103

incluido/incluida inbegriffen 35, 43

indicar a/c a alg. jdm etw. angeben 73

la **industria** Industrie 102, 104

industrial industriell 104

infeliz unglücklich 82

la **influencia** Einfluss 79

la **información** Information 80

informar a alg. (de a/c) 1. jdm Auskunft geben 74 2. jdn über etw. informieren 87; - ~ **se de/sobre a/c** sich über etw. informieren 80

la **informática** Informatik 99

el **informático** / la **informática** Informatiker/in 101

el **ingeniero** / la **ingeniera** Ingenieur 101

Inglaterra England 114

inglés Englisch 94; **inglés/inglesa** englisch 10, 67, 115; **el inglés / la inglesa** Engländer/in 115

el/la **inmigrante** Einwanderer/in 108

el **instituto (de bachillerato)** Gymnasium 99

navidad Weihnachten 10

necesitar a/c / a alg. 1. etw benötigen 73 2. etw./jdn brauchen 73

negarse a hacer a/c es ablehnen, etw. zu tun 108, 109

negro/negra schwarz 126

nevar schneien 113

la **nevera** Kühlschrank 19

la **nieve** Schnee 113

la **niña** Mädchen 15

el **niño** Junge 15

el **nivel** Niveau 95

no 1. nein 9 2. nicht 86, 109; ~ ... **nada** 1. überhaupt nicht 27 2. nichts 86; **no ... nadie** niemand 86

la **noche** Abend, Nacht 8, 67, 117, 118, 119; **por la** ~ nachts 119

el **nombre** Vorname 7

normal natürlich, normal 111

normalmente im Allgemeinen 22

el **norte** Norden 8, 38, 39, 125

Noruega Norwegen 114

noruego/noruega norwegisch 116; **el noruego / la noruega** Norweger/in 116

la **nota** Note 93

las **noticias** Nachrichten 29

la **novela** Roman 31

noviembre November 120

nuclear atomar 110

nuevo/nueva neu 33, 105

nunca nie(mals) 119

O

o oder 118

obedecer a alg. jdm gehorchen 18

la **obra de teatro** Theaterstück 29, 39

el **obrero / la obrera** Arbeiter/in 101

occuparse de a/c / de alg. sich um etw. / um jdn kümmern 17

octubre Oktober 120

ocupado/ocupada besetzt 64

odiar a/c / a alg. etw./jdn hassen 83

el **oeste** *m.* Westen 38, 39; **al ~ de** westlich von 8, 125

la **oficina** Büro 102; **la ~ de objetos perdidos** Fundbüro 44; **la ~ de turismo** Verkehrsamt 39

el **oficio** Beruf 98

oír a/c etw. hören 36

el **ojo** Auge 78

olvidar a/c etw. vergessen 80

opinar etw. finden *Meinung* 90

la **opinión** Meinung 16

la **oportunidad** Gelegenheit 87

el **ordenador** Computer 32

organizar a/c etw. veranstalten, etw. durchführen 39, 97

orgulloso/orgullosa de stolz auf 79

oscuro/oscura dunkel 113

el **otoño** Herbst 120

otro/otra andere/r/s 49

P

el **padre** Vater 15; **los padres** Eltern 16

pagar a/c (a alg.) (jdm) etw. bezahlen 20, 50

la **página** Seite Buch 31

el **país** Land 114

el **paisaje** Landschaft 112

el **pájaro** Vogel 112

la **palabra** Wort 11

el **palacio** Schloss 111

el **pan** Brot 45

la **panadería** Bäckerei 48

el **panadero / la panadera** Bäcker/in 99

el **panecillo** Brötchen 52

el **pantalón** Hose 48

los **papeles** (Ausweis)Papiere 44

el **paquete** 1. Paket 43 2. Packung 46

para um zu 21; ~ **que** damit *Konj.* 127

el **plano de la ciudad** Stadtplan 39, 42

la **planta** 1. Pflanze 32, 112 2. Stock(werk) 35; **la ~ baja** Erdgeschoss 35

el **plátano** Banane 47

el **plato** Teller 54; **los platos** Geschirr 19

la **playa** Strand 68

la **plaza** Platz 41

pobre arm 79

poco/poca wenig 125; **muy ~** zu wenig 95; **un ~ (de)** etwas 54, 125

poder a/c etw. können 84; **~ hacer a/c** etw. tun dürfen 18, 86

la **policía** Polizei 61; **el/la ~** Polizist/in 107

policíaco/policíaca Kriminal- 28, 32

el **polideportivo** Sportzentrum 26, 38

el **polígono industrial** Industriegebiet 39

la **política** Politik 81

político/política politisch 29, 81; **el ~** Politiker 110

el **pollo** Hähnchen 47

poner a/c 1. etw. einlegen *Kassette* 27 2. etw. einschalten 27, 30, 31 3. etw.aufschreiben 54 4. etw. hinstellen, etw. setzen 36; **~ a alg. con alg.** jdn verbinden *Telefon* 76, 77; **~se a/c** etw. anziehen 50

por 1. für 9 2. wegen 56; **~ desgracia** unglücklicherweise, leider 63, 71; **~ favor** bitte 45; **~ suerte** zum Glück 63; **¿~ qué?** warum 86; **~ todas partes** überall 125

el **por ciento** Prozent 105

porque weil 127

portugués/ portuguesa portugiesisch 115; **el portugués / la portuguesa** Portugiese/Portugiesin 115

la **posibilidad** Möglichkeit 40

posible möglich 40

la **postal** Postkarte 43

el **postre** Nachtisch 52

practicar la vela segeln 68

el **precio** Preis 46; **el ~ especial** Ermäßigung 29

preciso/ precisa genau 76

preferir a/c etw. lieber mögen 51; **~ hacer a/c** etw. lieber tun 30, 89

la **pregunta** Frage 86

preguntar a alg. jdn fragen 14, 18, 86

el **prejuicio** Vorurteil 108

preocupado/ preocupada beunruhigt, besorgt 82

preocuparse (por) sich Sorgen machen (um) 82

preparar a/c etw. vorbereiten, etw. zubereiten 19, 93

presentar a alg. jdn vorstellen 8

prestar a/c a alg. jdm etw. leihen 88

el **presupuesto** Kostenvoranschlag 76

la **primavera** Frühjahr 120

primer(o)/primera erste/r/s 35; **primero** zuerst, zunächst 123; **el primer plato** Vorspeise 54

el **primo / la prima** Cousin/Cousine 16

el/la **principiante** Anfänger/in 94

los **principios - a los ~ de mayo** Anfang Mai 120, 122

la **prisa - de ~** in aller Eile 21

privado/privada privat 86

el **probador** Kabine 49

probar a/c etw. anprobieren 49

el **problema** 1. Ärger 17 2. Problem 106

producir a/c etw. erzeugen 105

el **producto** Produkt 105

el **profe(sor) / la profe(sora)** 1. Lehrer/in 94 2. Dozent/in 95

la **profesión** Beruf 101

regularmente regelmäßig *adv.* 123
reír lachen 82
las **relaciones** *pl.* Verhältnis 16
la **religión** Religion 108
rellenar a/c etw. ausfüllen 43
remolcar a/c etw. abschleppen 63
renovar a/c etw. renovieren 35
la **reparación** Reparatur 63
reparar a/c etw. reparieren 63
repetir a/c etw. wiederholen 11
el **reportaje** Reportage 30, 31
reprochar a alg. que … jdm vorwerfen, etw. zu tun 18
el **reproche** Vorwurf 18
el **requesón** Quark 53
reservar a/c etw. reservieren 64
resfriado - estar ~ /
resfriada erkältet sein 55; **coger un ~** sich erkälten 55
responsable (de a/c) (für etw.) verantwortlich 79, 109
la **respuesta** Antwort 73
el **restaurante** Restaurant 21, 53
el **retraso** Verspätung 64
la **reunión** Sitzung 77
revelar a/c etw. entwickeln *Film* 50

la **revista** Zeitschrift 31
rico/rica reich 79
el **río** Fluss 109, 111
robar a/c etw. stehlen 44, 107
el **robo** Diebstahl 107
rogar a alg. jdn bitten 84
rojo/roja rot 126
romperse a/c a alg. sich etw. brechen 57
la **ropa** 1. Wäsche 19 2. Kleidung 48
la **rosa** Rose 112
roto/rota 1. gebrochen 57 2. defekt 62
rubio/rubia blond 78
el **ruido** Lärm 36

S

sábado Samstag 118
saber a/c etw. können, etw. wissen 26, 80, 95
sacar a/c etw. abheben *Geld* 43; **~ una foto** ein Foto machen 32
la **sal** Salz 52, 54
el **salchichón** Wurst 52
la **salida** Ausgang 61
salir 1. ausgehen, hinausgehen 17 2. los-/weg-/abfahren 21, 61, 63, 67; **~ de a/c** etw. verlassen 21
el **salmón** Lachs 47
el **salón** Wohnzimmer 35
la **salud** Gesundheit 55
las **sandalias** *pl.* Sandalen 49

el **santo** Namenstag 24
la **secretaria** Sekretärin 101
el **sector** Bereich 104
la **sed** Durst 51
seguir weiterfahren 62; **~ (andando)** weitergehen 42; **~ a/c / a alg.** einer Sache / jdm folgen 88
seguro bestimmt 91; **~ /segura** sicher 83; **~ que** *adv.* sicher 91
el **sello** Briefmarke 33, 43
el **semáforo** Ampel 41
la **semana** Woche 25, 102, 119, 120, 122, 123
el **señor** Herr 13
la **señora** Dame 13
sentarse Platz nehmen, sich (hin)setzen 37
el **sentimiento** Gefühl 81
sentir - sentirlo jdm leid tun 9; **~ se** sich fühlen 55, 79; **me siento mal** mir ist übel 56
separado/separada getrennt 16
separarse (de alg.) sich (von jdm) trennen 15
septiembre September 120
ser 1. sein 7 2. werden 99; **~ de** kommen aus 8
serio/seria ernst 79
el **servicio** Gefälligkeit 71; **el ~ civil** Zivildienst 100
servirse sich bedienen 52

el **tejado** Dach 35
la **tele** Fernseher 30, 37
el **teléfono** 1. Telefon 37, 75 2. Telefonnummer 75
el **telemando** Fernbedienung 30
temer a/c sich vor etw. fürchten, Angst haben, etw. zu tun 82
la **temperatura** Temperatur 113
temprano früh 123
el **tenedor** Gabel 54
tener a/c 1. etw. haben 22 2. etw. besitzen 79 3. etw. halten 84; **~ confianza en alg.** jdm vertrauen. 17; **~ lugar** stattfinden 29; **~ una cita con alg.** 1. sich mit jdm treffen 23 2. mit jdm verabredet sein 24; **tiene la línea ocupada** er/sie spricht gerade *Telefon* 77; **~ ganas de hacer a/c** Lust haben, etw. zu tun 70, 87, 89; **~ que hacer a/c** etw. tun müssen 56, 85
el **tenis** Tennis 25, 26; **el ~ de mesa** Tischtennis 26
terminar enden, aufhören 28, 69, 92
la **ternera** Kalb 47
la **terraza** Terrasse 35
terrible schrecklich 36
el **texto** Text 27, 88
la **tía** Tante 16

el **tiempo** 1. Zeit 24 2. Wetter 113; **el ~ libre** Freizeit 25; **mucho ~** lange 8; **¿cuánto ~ ?** wie lange ? 8
la **tienda** 1. Geschäft 48 2. Zelt 67; **la ~ de informática** Computergeschäft 48; **la ~ de moda** Boutique 48; **la ~ de comestibles** Lebensmittelgeschäft 48
el **tío** Onkel 16
tocar a/c spielen *Instrument* 27, 28
todavía no noch nicht 109
todo alles 125; **por ~** für ~ 9 **~ el mundo** alle 70 **~ recto** geradeaus 41; **todos/todas** 1. alle 123 2. jede/r/s 123
tomar a/c etw. nehmen 109
el **torneo** Turnier 40
el **trabajador inmigrante** Gastarbeiter 108
trabajar arbeiten 102
el **trabajo** 1. Arbeit 102, 103 2. Arbeitsstätte 102 3. Arbeitsstelle 104; **el puesto de ~** Arbeitsplatz; **tiempo de ~** Arbeitszeit 102
la **tradición** Tradition 108
traducir a/c etw. übersetzen 11
traer a/c a alg. jdm etw. bringen 53
el **tráfico** Verkehr 58

tranquilo/tranquila ruhig 34, 36, 43, 79, 111; **tranquilo** *adv.* in aller Ruhe 21
transferir (dinero) überweisen *Geld* 20
el **tranvía** Straßenbahn 59
trasladar a/c etw. verlagern *Firma* 104
el **tratamiento de textos** Textverarbeitung 32
tratar - ~ a alg. de jdn behandeln 18; **~ de hacer a/c** versuchen, etw. zu tun 77, 108
el **trayecto** Strecke, Fahrt 58
el **tren** Zug 59, 67
triste traurig 82
la **trucha** Forelle 47
turco/turca türkisch 116; **el turco / la turca** Türke/Türkin 116
el **turismo** Tourismus 67, 99
el/la **turista** Tourist/in 67
turístico/turística touristisch 67
Turquía Türkei 114

U

la **universidad** Universität 93
unos/unas etwa, ungefähr 107
usar a/c etw. benutzen 88
útil nützlich 85
la **uva** Traube 47